ミッパンチャン

밑반찬

毎日のごはん作りがラクにな

韓国の常備菜100

北坂伸子

韓国の常備菜「ミッパンチャン」

冷蔵庫におかずがある——
この安心感が、毎日の食事作りを
ラクにしてくれます。

密閉容器に
入れて
冷蔵庫で保存

ごはん作りのついでに、数回で食べきれるくらいの量を作りおき。ふたがきっちりと閉まる保存容器に入れて、冷蔵庫へ入れておきます。最近は、中身の見えるガラスの保存容器が、韓国でも人気のようです。

ミッパンチャンはオモニの思いやり

韓国の食堂に入ると、注文した料理が出てくる前に、小皿にのったおかずが、ずらりとテーブルに並びます。これがミッパンチャン。韓国の家庭では、いろいろなおかずを家族のために用意しておくのが、オモニ(母)の思いやりとされています。韓国ドラマでも冷蔵庫から保存容器をいくつも取り出すシーンや、子どもにおかずを持たせるシーンをよく見かけます。

炒めものや煮もの、ジョンは温め直して食卓へ

炒めものや煮ものは電子レンジで温め直すか、煮汁があるものは鍋に移して煮返します。ジョンはフライパンに並べて中弱火で両面を焼き直すか、オーブントースターで軽く温めて。遅く帰った家族のための食事やひとり分のごはんも、手早く用意できます。

ミッパンチャンを日々の食卓に

ミッパンチャンがいくつかあれば、ごはんとみそ汁を添えるだけで立派な食卓が整います。煮魚をメインのおかずに、ナムルとキムチで野菜を補充。

白菜のロールキムチ
→ p.044

小松菜のナムル
→ p.036

タチウオと大根のピリ辛煮
→ p.072

ごはんにのせてビビンバに

好きなおかずを、好きなだけ温かいごはんにのせて！　ナムルをいろいろのせれば、野菜たっぷりのビビンバに。さらに肉や卵の煮ものがあれば、栄養バランスもばっちりです。コチュジャンだれを添え、仕上げにごま油をひとまわし。よく混ぜていただきます。

コチュジャンだれ
→ p.050

ズッキーニのくるみあえ
→ p.030

ナムル
（豆もやし／なすとなすの皮／にんじん／小松菜／たらの芽）
→ p.032 , 036 , 037

牛肉とうずら卵のしょうゆ煮
→ p.070

晩酌のお供にもミッパンチャン

酒肴にもミッパンチャンはもってこい。少しずつつまむ大人の味が、お酒をおいしくしてくれます。韓国料理というとビールやマッコリのイメージが強いですが、私は日本酒と合わせたり、赤色のキムチには赤ワインを合わせることもあります。

たらの芽のナムル
→ p.037
ミニトマトの即席キムチ
→ p.042
砂肝の香味炒め
→ p.055

たれをからめて麺にも

チョコチュジャンだれを使ったあえものは、ゆでたそうめんと合わせてビビン麺にしても美味。あえものを保存すると汁けが出るのを日本では嫌がりますが、韓国ではこの汁ごとこんなふうに活用します。彩りに、スプラウトや赤唐辛子を飾って。

刺身と香味野菜のピリ辛あえ
→ p.023

もくじ

2. 副菜にも、メインのおかずにも

本書の決まり

⬇1カップは200㎖、大さじ1は15㎖、小さじ1は5㎖です。

⬇保存期間は、清潔な保存容器に入れ、ぴったりとふたをして冷蔵庫（または冷凍庫）へ入れた場合の目安です。気温や保存状況によって異なるので、特に夏場は早めに食べきるようにしてください。

⬇電子レンジは600Wのものを使用しました。

⬇砂糖はコクのある洗双糖を、だしは「煮干しだし」（左記）を使用しました。

煮干しだしのとり方

材料（作りやすい分量）

水…5カップ
煮干し…15g
昆布…10㎝角1枚
黒粒こしょう…小さじ1
くず野菜（玉ねぎのかたい部分、長ねぎの青い部分）…適量

作り方

鍋にすべての材料を入れ、中火にかける。沸騰したら弱火にし、20分ほど煮て、ざるで濾す。

☆煮干しは大きければ内臓を取り除き、小さいものはそのまま使ってよい。

1. あえるだけ、漬けるだけ

まずは、簡単に作れるミッパンチャンをご紹介しましょう。
多めに作っておくと便利なあえものをはじめ、
保存性が高い韓国の漬けもの・チャンアチや、
野菜たっぷりのナムル、あえるだけの即席キムチは
韓国の食卓には欠かせない存在。
いくつか作りおきしておけば、食卓がにぎわいます。

장아찌

チャンアチ

チャンアチは韓国の漬けもの。チャンは漢字で書くと「醤」、しょうゆやみそのことです。醤に甘みや酸味、辛みをつけ、素材に味をしみ込ませたチャンアチ。数種類を作りおきして、日替わりで楽しみましょう。

えごまの葉に薬味だれを塗って重ね、漬けるだけ。
ごはんを巻いて食べれば、止まらないおいしさです。
えごまの葉は、あらかじめ3%の塩水につけておくと、味のなじみがよくなります。

えごまの葉の薬味しょうゆ漬け

材料（作りやすい分量）

えごまの葉…20枚

A
- 水…2と1/2カップ
- 粗塩…大さじ1

薬味しょうゆだれ（下記）…1/2カップ

作り方

1 ボウルにAを合わせて塩を混ぜ溶かし、えごまの葉を20〜30分つける。さっと洗い、水けをきる。

2 1枚ずつたれを塗って重ね（写真下）、保存容器に入れる。半日くらいから食べられる。

保存の目安
冷蔵庫で2週間ほど

えごまの葉1枚にたれ小さじ1程度をのせて広げ、えごまの葉を重ねる。これをくり返す。

note

【薬味しょうゆだれ】

材料（作りやすい分量）

しょうゆ…1/2カップ
煮干しだし（→p.010参照）…1/2カップ
長ねぎ（小口切り）…1カップ（50g）
おろしにんにく…小さじ1
粉唐辛子…小さじ1
砂糖…小さじ1/2
白いりごま…小さじ1
赤・青生唐辛子（小口切り）…各適量

作り方

すべての材料を混ぜ合わせ、半日〜1日常温においてから冷蔵庫に入れる。

私が韓国料理に興味を持つきっかけになったのがこの「薬味しょうゆだれ」。あえものや炒めもの、煮ものにと万能で、ジョンにつけたり、冷ややっこにかけたり、ビビンバにも魚の漬け焼きにも重宝します。辛さは、唐辛子の量で調節を。時間がたつにつれ、とろっとしてまろやかになっていくのも魅力です。量が少なくなってきたら、つぎ足してもOK。

保存の目安
冷蔵庫で2週間ほど

しょうゆベースの
チャンアチ
→ p.016
玉ねぎ
エリンギ
れんこん
大豆
長いも
切り干し大根

みそベースの
チャンアチ
→ p.017
みょうが
ごぼう
たけのこ
ししとう
セロリ
ドライあんず

しょうゆベースのチャンアチ

甘ずっぱいしょうゆ味がしみ込んだ、さわやかな漬けもの。
食材によっていろいろな食感が楽しめます。
そのまま箸休めやおつまみに少しずつつまんだり、
刻んでお茶漬けやチャーハンの具にするのもおすすめです。

材料(作りやすい分量)

しょうゆだれ
- うす口しょうゆ … ½カップ
- 水 … ½カップ
- 酢・砂糖 … 各¼カップ
- 焼酎(または酒) … 大さじ1
- 梅シロップ … 大さじ1

好みの具材(下記) … 適量(約150g)

作り方

1 鍋に酢以外のしょうゆだれの材料を入れて中火にかける。煮立ったら酢を加え、火を止める。

2 保存容器に具材を入れ、**1**を熱いうちに注ぐ。

3 粗熱が取れたらふたをして冷蔵庫に入れ、1日おいて味をなじませる。

保存の目安
冷蔵庫で2週間ほど
1週間以上保存する場合は、漬けだれだけ小鍋に移して煮返し、冷ましてから容器に戻し入れる。たれは、煮返せば3回まで使える。

大豆
大豆はゆでて150g用意する(→p.065参照)。
市販の蒸し大豆でもよい。

玉ねぎ
玉ねぎ小1個は2cm角に切る。

長いも
長いも150gは皮をむき、5〜6cm長さの短冊切りにする。

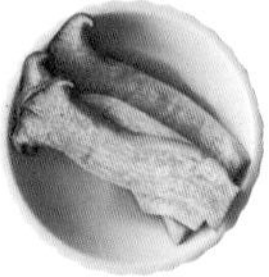

エリンギ
エリンギ3本は縦5〜6mm幅に切る。

切り干し大根
切り干し大根(乾燥)30gは水につけてかためにもどし、水けをきる。
写真は太めの割り干し大根。

れんこん
れんこん150gは皮をむいて7〜8mm幅の輪切りにし、酢少々を入れた湯で好みのかたさにゆでる。

note

ほかに、大根、きゅうり、パプリカ、青唐辛子、青トマト、菊いも、にんにくの芽(ゆでる)、実山椒(ゆでる)、ふき(ゆでる)なども、このしょうゆだれに合います。きゅうり+大根、玉ねぎ+パプリカなど、組み合わせて漬けてもOK。豆類は青大豆やくらかけ豆で作っても美味。

甘めの麦みその中に、ほんのりコチュジャンの辛み。
香味野菜の風味を効かせたコクのある漬けものです。
おつまみやお茶請けにはみそを除いて、
ごはんのお供にはみそもいっしょに楽しみます。

みそベースのチャンアチ

材料（作りやすい分量）

麦みそ…1カップ（250g）

みそ床

コチュジャン…大さじ2
おろしにんにく…大さじ½
水あめ（またははちみつ）…大さじ1
長ねぎ（みじん切り）…大さじ2

好みの具材（下記）…適量

作り方

1 みそ床の材料を混ぜ合わせ、保存容器に入れる。

2 具材を1に埋め込み、好みで30分〜2日ほど漬け込む。

保存の目安 冷蔵庫で2週間ほど
野菜から出た水分が浮くと、傷みやすくなるので、ときどきキッチンペーパーなどでふき取る。

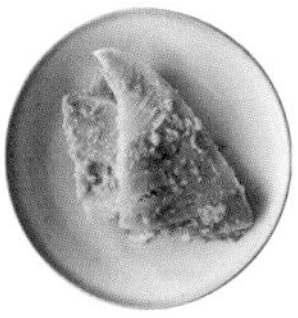

たけのこ
市販のゆでたけのこ小½個（150g）は、食べやすい大きさに切る。

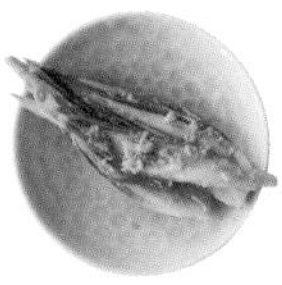

みょうが
みょうが5〜6個はそのままか、大きければ縦半分に切る（切ったほうが味が早く入る）。

セロリ
セロリ1本は葉と筋を除き、食べやすい大きさに切る（切らずに漬けても）。

ごぼう
ごぼう1本は皮つきのままよく洗って5㎜幅の斜め切りにし、酢を加えた熱湯でかためにゆでる。

ドライあんず
ドライあんず3〜4個はそのまま漬ける。できれば3日くらい漬けると、ふっくらとしておいしい。

ししとう
ししとう4〜5本は縦に1本切り目を入れる。

note

ぬか床感覚で、2〜3種類の具をいっしょに漬けてもOK。野菜の切り方は大ざっぱでかまいません。ほかに、青唐辛子や菊いも、ヤーコン、うど、にんにく（薄切り）などでも。また、ドライあんずのほか、干し柿や青梅のシロップ漬けなど、甘いものもこのみそ床によく合います。

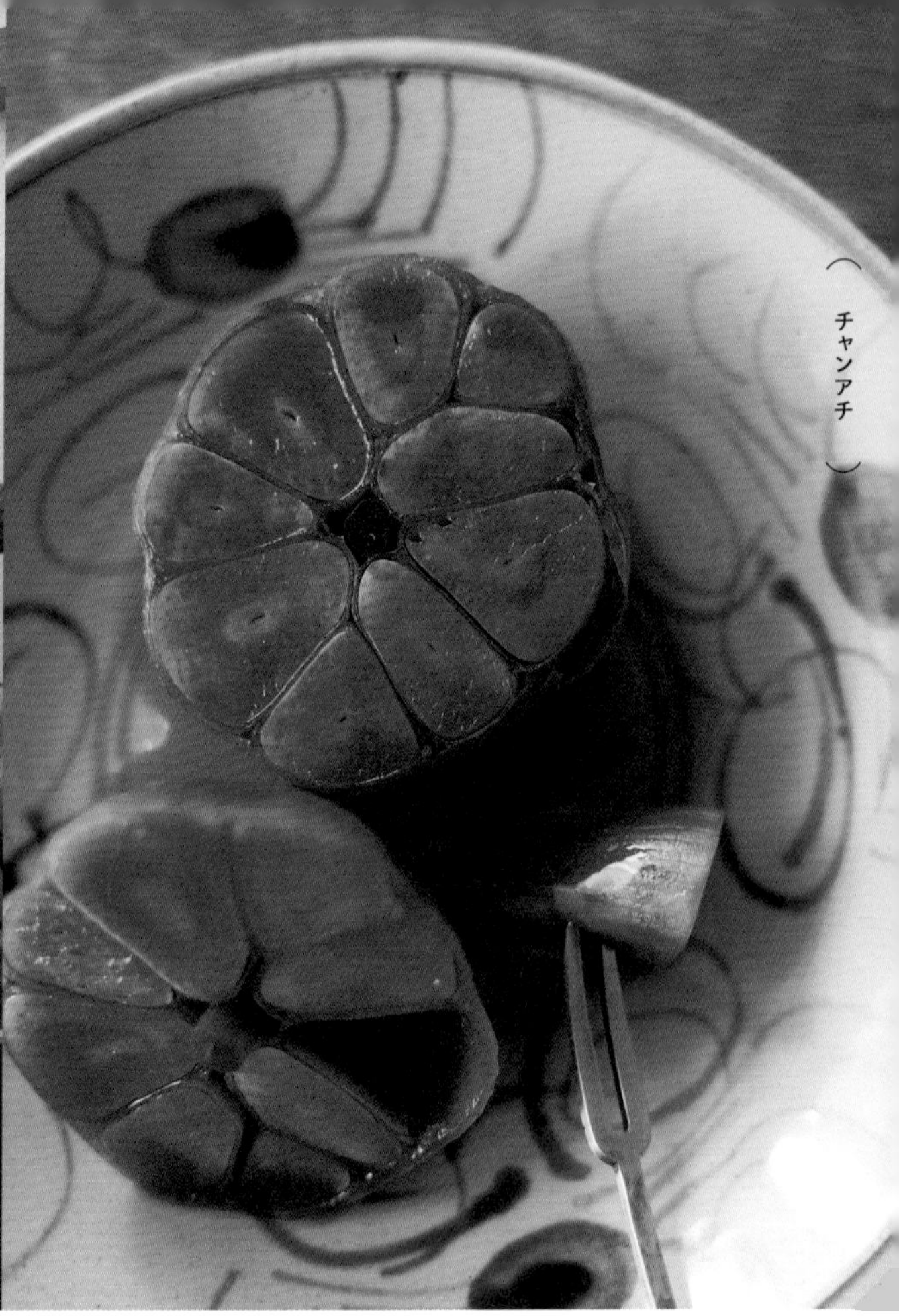

漬けておくとにんにくのくさみが消えて辛さもやわらぎ、うまみが際立ちます。
そのままお茶請けにしても、おつまみにしても。
肉や魚と野菜に包んだり、サラダやあえものに使うと味のアクセントに。

まるごとにんにくのチャンアチ

材料（作りやすい分量）

にんにく…1kg

A
- 酢…2と½カップ
- 水…2と½カップ

B
- 下漬けの漬け汁…3カップ
- 砂糖…2カップ
- 粗塩…½カップ＋大さじ1

梅シロップ…1カップ

作り方

1 下漬けをする。にんにくは汚れを除き、薄皮を1～2枚残して皮をむく。

2 保存容器に入れ、Aを注ぐ。にんにくが浸らない場合は、酢水（1：1の割合）を足す。ふたをして常温で1週間おく。

3 本漬けをする。2をざるにあげ（漬け汁はとっておく）、水けをきって保存容器に戻し入れる。

4 鍋にBを入れて中火にかけ、煮立ったら火を止めて冷ます。梅シロップを加え混ぜ、3に注ぐ。ふたをして常温で1か月以上、できれば3か月くらい漬ける。

保存の目安
常温で2～3年
時間がたつほどやわらかくなり、辛さがやわらいで食べやすくなる。食べるときは横半分に切り、フォークなどで1片ずつ取り出す。あらかじめにんにくの皮をむき、1片ずつばらしてから漬けてもよい。

チャンアチの楽しみ方

① しょうゆベースのチャンアチで

「しょうゆベースのチャンアチ」（→p.016）は、古漬けになったら、細かく刻んで使うのがおすすめです。お茶漬けにしたり、チャーハンやおにぎりの具にしたり、納豆と合わせても。漬け汁ごと冷ややっこにかけたり、サラダのドレッシングにすることもあります。

漬けだれは、ジョンのたれにしたり、刺身を漬け込んで丼にしてもおいしくいただけます。サラダのドレッシングにも、この甘ずっぱいたれがよく合うんですよ。

大豆のチャンアチで、サラダのドレッシングに。

ジョンには玉ねぎのチャンアチを添えるのが定番。

① みそベースのチャンアチで

「みそベースのチャンアチ」（→p.017）は、刻んでみそごとみそ汁にすることもあります。

みそ床は、徐々に野菜の水分を吸ってゆるくなりますが、野菜の風味が移っておいしいので、スティック野菜や蒸し野菜につけたり、田楽みそとして使ったり、焼き豆腐や焼きおにぎりに塗ったりと余さず活用します。煮ものや炒めものの調味料、肉や魚の漬け焼き用にも重宝しますよ。

ゆで豚にみそをのせ、
葉野菜で巻いて食べればごちそう！

무침

あえもの

野菜だけでパパッと手早く仕上げたり、
肉や魚介を組み合わせてボリュームを出したり。
冷蔵庫に一品あると、なぜか安心します。

えごまの葉の濃厚な味を豚肉にからませ、
薬味を効かせたたれでピリリと引き締めます。

豚しゃぶとえごまの葉のあえもの

材料(2人分×2回)

豚肩ロースしゃぶしゃぶ用肉…200g
えごまの葉…5〜6枚
赤玉ねぎ…1/6個(30g)
酒…大さじ1
薬味しょうゆだれ(↓p.013参照)…大さじ2

作り方

1 赤玉ねぎは薄切りにし、えごまの葉は手でちぎる。
2 鍋に湯を沸かして酒を加え、豚肉を広げて入れ、色が変わったらざるにあげる。
3 ボウルに1、2を合わせ、たれを加えてあえる。

保存の目安
冷蔵庫で**3〜4日**

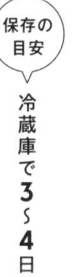

にらの香りが、淡泊なささみを包み込みます。
「とりあえず」のビールのおつまみにもぴったり。

にらとささみの辛みあえ

材料(2人分×2回)

鶏ささみ(筋があれば除く)…150g
にら…1/2束(50g)
塩・こしょう…各少々

A
水…3カップ
酒…大さじ1

B
粉唐辛子…小さじ1
しょうゆ…小さじ1
おろしにんにく…小さじ1/2
おろししょうが…小さじ1/2
ごま油…小さじ1
白いりごま…少々

作り方

1 鍋にAを入れて中火にかけ、煮立ったらささみを加えて2分ゆでる。ふたをして火を止め、5分蒸らす。

2 ささみを取り出し(ゆで汁はとっておく)、粗熱が取れたら食べやすく裂く。ボウルに入れ、ゆで汁大さじ2、塩、こしょうを加えてなじませる。

3 にらは4～5cm長さに切り、残りのゆで汁でさっとゆで、ざるにあげる。2に加え、Bを加えて混ぜる。

保存の目安
冷蔵庫で**3～4日**

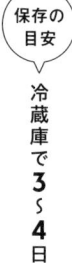

蒸すことでアジはふっくら、豆もやしのうまみもキープ。
豆もやしのシャキシャキ、プチプチした歯ざわりも快適です。

干ものと豆もやしのあえもの

材料（2人分×2回）

アジの開き … 1尾
酒 … 大さじ1
豆もやし … 1袋（200g）
薬味しょうゆだれ（→p.013参照）… 小さじ2〜

作り方

1 アジは耐熱皿にのせ、酒をふりかける。蒸気の上がった蒸し器に入れ、中火で7〜8分蒸す。粗熱を取り、頭と骨、尾を除いて身をほぐす。

2 豆もやしはひげ根を取って耐熱皿にのせ、蒸気の上がった蒸し器に入れて中火で5分蒸す。

3 ボウルに1、2を合わせ、たれを加えて混ぜる。

☆電子レンジを使う場合は、それぞれラップをふんわりとかけ、アジは600Wで3分30秒、豆もやしは3分加熱する。

保存の目安
冷蔵庫で3〜4日

酸味を加えたコチュジャンだれで、刺身がひと味違うおいしさに！
白身魚のほか、イカの刺身やしめサバなどでもおいしく作れます。

刺身と香味野菜のピリ辛あえ

材料（2人分×2回）

白身魚の刺身（タイなど）…150g
みつば…½束
細ねぎ…2本
玉ねぎ…⅙個
赤・青生唐辛子…各適量
ごま油…小さじ1
チョコチュジャンだれ（↓p.024参照）…大さじ3

作り方

1 刺身はそぎ切りにする。みつばと細ねぎは3〜4cm長さに切り、玉ねぎは薄切りに、唐辛子は斜め薄切りにする。

2 刺身をボウルに入れ、たれ大さじ1を加えて混ぜる。1の野菜を加えてごま油をまわしかけ、残りのたれを加えてあえる。

保存の目安
冷蔵庫で2〜3日
白身魚は昆布ではさんで冷蔵庫で数時間おき、しめてから使うと、水分が出にくくなる。

タコとほうれん草のピリ辛あえ

食感の違う2つの食材を辛味でまとめました。ほろ苦いビールにぴったりの一品。

材料（2人分×2回）

ゆでダコ…100g
ほうれん草…1束（150g）
しょうゆ…小さじ½
チョコチュジャンだれ（下記）…大さじ2
白いりごま…少々

作り方

1 タコは食べやすい大きさに切る。
2 ほうれん草は熱湯でさっとゆでてざるにあげ、冷水にさらして水けをかたく絞る。3cm長さに切り、しょうゆを混ぜる。
3 ボウルに1、2を合わせ、たれを加えて混ぜ、ごまをふる。

保存の目安　冷蔵庫で2～3日

ゆでイカと長ねぎのピリ辛だれ

イカのうまみとチョコチュジャンは相性よし！たれは別添えにすれば、好みの辛さに調節できます。

材料（2人分×2回）

イカ（スルメイカなど）…1ぱい（200～250g）
長ねぎ…⅓本
A
　水…3カップ
　みりん…大さじ1
　塩…小さじ½
チョコチュジャンだれ（下記）…大さじ2

作り方

1 イカは足を抜いて内臓や目を取り除き、皮をむく。胴は輪切りに、足は食べやすく切る。長ねぎは4～5cm長さの短冊切りにする。
2 鍋にAを入れて中火にかけ、沸騰したら1をさっと湯通ししてざるにあげる。
3 器に盛り、たれを添える。

保存の目安　冷蔵庫で2～3日
たれとあえて保存してもよい。

note

【チョコチュジャンだれ】

材料（作りやすい分量）

コチュジャン…大さじ3
酢…大さじ1
砂糖…小さじ2
おろしにんにく…小さじ1

作り方

すべての材料をよく混ぜ合わせる。

保存の目安　冷蔵庫で2～3日

コチュジャンに酢（チョ）を加えたさっぱり味のたれ。韓国ではポピュラーなたれのひとつで、略して「チョジャン」とも呼ばれます。魚介類と相性がよく、白身魚やイカの刺身につけて食べるのが一般的。そのほか、さっとゆがいたわかめや、ゴーヤーなど苦みのある野菜とあえたり、ビビン麺などにもおすすめです。酢のかわりに、レモンなど柑橘のしぼり汁で作ってもよいですね。

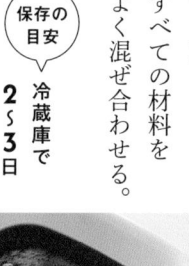

甘みをつけたまろやかな辛みだれが、
きゅうりのフレッシュな味わいによく合います。

きゅうりのコチュジャンあえ

材料（2人分×2回）
きゅうり…2本
塩…小さじ½
水あめ（またははちみつ）…小さじ½
A
コチュジャン…大さじ2
水あめ（またははちみつ）…小さじ1
おろしにんにく…小さじ1
白いりごま…小さじ1

作り方
1 きゅうりはピーラーで縦に3か所皮をむき、5㎜厚さの輪切りにする。塩と水あめをもみ込み、10分ほどおく。
2 水けを絞り、Aとあえる。

保存の目安
冷蔵庫で4〜5日
保存するときゅうりから水分が出るが、そのまま食べても、汁ごとゆでたそうめんなどにかけてもよい。

えごま粉の衣を3種の根菜にまとわせます。
香ばしく独特な風味が口に広がり、歯ごたえも良好。

根菜のえごまあえ

材料（2人分×2回）
にんじん…50g
さつまいも…100g
れんこん…100g
A
えごま粉…大さじ3
煮干しだし（→p.010参照）…大さじ2
塩…小さじ⅓
おろしにんにく…小さじ⅓

作り方
1 根菜はそれぞれ皮つきのままよく洗い、小さめの乱切りにする。鍋に湯を沸かし、にんじん、さつまいも、れんこんの順にゆで、ざるにあげる。
2 ボウルに入れ、Aを加えてあえる。

保存の目安
冷蔵庫で4〜5日

粉唐辛子のピリッとした辛さに、
魚醤やにんにくで深みをプラスします。

大根の辛みあえ

材料（2人分×2回）
大根…200g
塩…小さじ½
粉唐辛子…小さじ1
A
魚醤…小さじ1
砂糖…小さじ1
酢…小さじ1
おろしにんにく…小さじ½

作り方
1 大根は薄い輪切りにしてからせん切りにする。塩をふって10分ほどおき、しんなりしたらさっと洗って水けを絞る。
2 ボウルに入れ、粉唐辛子を全体にまぶし、Aを加えてあえる。

保存の目安
冷蔵庫で4〜5日

POSTCARD

밑반찬

おそれいりますが
切手をお貼りください

104-8357

東京都中央区京橋3-5-7
(株)主婦と生活社　料理編集
「ミッパンチャン」係行

ご住所
〒　　　－

お電話
（　　　　　）

フリガナ

性別
男 ・ 女

お名前

年齢
歳

ご職業
1. 主婦　2. 会社員　3. 自営業　4. 学生　5. その他（　　　）

未婚
家族構成（年齢）
既婚（　　　）年

「ミッパンチャン」はいかがでしたか？

今後の企画の参考にさせていただくため、アンケートにご協力ください。

✲ お答えいただいた方、先着1000名の中から抽選で20名様に、
小社刊行物（料理書）をプレゼントいたします
（刊行物の指定はできませんので、ご了承ください）。

当選者の発表は、商品の発送をもってかえさせていただきます。

---

1 この本を購入された理由は何ですか？

2 この本の中で「作りたい」と思った料理を3つお書きください。

（　　　）ページの（　　　　　　　　　　　　　　　）

（　　　）ページの（　　　　　　　　　　　　　　　）

（　　　）ページの（　　　　　　　　　　　　　　　）

3 この本の表紙・内容・ページ数・価格のバランスはいかがですか？

4 この本についてのご意見、ご感想をお聞かせください。

5 あなたが好きな料理研究家と、その理由を教えてください。

6 今後、どのようなテーマの料理本・お菓子本がほしいですか？

ご協力ありがとうございました。

韓国では、きな粉はすぐれたあえ衣。
にらのにおいをマイルドに包んでくれます。

にらのきな粉蒸しあえ

材料（2人分×2回）

にら…1束（100g）
きな粉…大さじ1
薬味しょうゆだれ（→p.013参照）…大さじ1

作り方

1 にらは洗ってざっと水けをきり、4～5cm長さに切る。
耐熱皿に入れてきな粉をかけ、よく混ぜる（写真左）。

2 蒸気の上がった蒸し器に1を入れ、中火で5分蒸す（または、ふんわりとラップをかけ、電子レンジで2分加熱する）。

3 たれを加えてよく混ぜる。

にらにきな粉をかけたら、両手でふわっと持ち上げることを何度かくり返し、全体にまんべんなくまぶす。

保存の目安
冷蔵庫で3～4日

なすとみょうがのあえもの

なすはレンジ加熱で手軽に。
みょうがの香りがさわやかです。

材料（2人分×2回）

なす…2個
みょうが…1個
塩…少々
薬味しょうゆだれ（↓p.013参照）…大さじ1/2
えごま油…小さじ1

作り方

1 なすはヘタを切り落とし、1個ずつラップで包んで、それぞれ電子レンジで2分加熱する。みょうがはせん切りにする。
2 なすの粗熱が取れたら、ヘタのほうから食べやすく縦に裂き、ボウルに入れて塩をもみ込む。
3 みょうがとたれ、えごま油を加えて混ぜる。

保存の目安 冷蔵庫で3〜4日

ブロッコリーとしいたけのあえもの

しいたけのうまみがしみたブロッコリーが美味。
酸味のあるたれでさっぱりと。

材料（2人分×2回）

ブロッコリー…1/2個（150g）
生しいたけ…3個
A 酢…大さじ1
えごま油…大さじ1
梅シロップ…大さじ1
塩…小さじ1/3

作り方

1 ブロッコリーは小房に分け、熱湯でさっとゆでてざるにあげる。
2 しいたけは石づきを除き、かさと軸を分ける。かさは6等分に切り、焼き網に裏返してのせ、軸とともにしんなりするまで焼く。軸は細く裂く。
3 ボウルに1、2を合わせ、混ぜ合わせたAを加えてあえる。

保存の目安 冷蔵庫で3〜4日

パリパリののりに、香りのよい薬念（ヤンニョム）だれをもみ込むだけ。
ごはんや麺にのせれば、いくらでも食べられそう！

のりの薬念《ヤンニョム》あえ

材料（2人分×2〜3回）

のり（全形）… 5枚
酒（または水）… 大さじ2

薬念だれ

薬味しょうゆだれ（→p.013参照）… 大さじ2
長ねぎ（小口切り）… 大さじ2
玉ねぎ（粗みじん切り）… 大さじ2
白いりごま・ごま油 … 各小さじ1
粉唐辛子（好みで）… 小さじ1/2

作り方

1 のりは両面をフライパンで軽く焼いてパリッとさせ、ポリ袋に入れてもみ、細かくする。ボウルに移し、酒を加えてなじませる。
2 たれの材料を加えて混ぜる。

保存の目安　冷蔵庫で1週間ほど

生のズッキーニのフレッシュさに、くるみのコクがよく合います。
黄ズッキーニを使いましたが、緑色のものでも。

ズッキーニのくるみあえ

材料（2人分×2回）

ズッキーニ … 1本（150g）
塩 … 小さじ1/3
くるみ … 30g

A

煮干しだし（→p.010参照）… 大さじ1
しょうゆ … 小さじ1
えごま油 … 小さじ1
おろしにんにく … 小さじ1/4

作り方

1 ズッキーニは薄い輪切りにして塩をふり、10分ほどおいて洗い、水けを絞る。
2 くるみは粗みじん切りにする。
3 ボウルに1、2を合わせ、Aを加えてよく混ぜる。

保存の目安　冷蔵庫で3〜4日

나물

ナムル

季節の野菜や海藻、きのこなどを使って作る、
韓国の食卓に欠かせないミッパンチャン。
食材の色や風味に合わせ、4つの味つけをご紹介します。

塩ベースのナムル

→ p.034

しょうゆベースのナムル

→ p.035

塩ベースのナムル

白やオレンジなど、野菜のやさしい色合いを生かしたいときに。
野菜はゆでてからあえるのが基本ですが、
にんじんは油で炒めると、うまみが増すのでおすすめです。

基本の調味料(作りやすい分量)
塩…小さじ1/4
おろしにんにく…小さじ1/4
えごま油(またはごま油)…小さじ1

保存の目安 それぞれ冷蔵庫で3日

なすとなすの皮

なすは皮をむいて、つるんとした食感に。

1 なす2個はヘタを切り落とし、ピーラーで皮をむく(皮はとっておく)。
2 1個ずつラップで包み、電子レンジでそれぞれ2分加熱する。粗熱が取れたら、縦に食べやすく裂く。
3 基本の調味料とえごま粉大さじ1/2を加えてあえる。

なすの皮もナムルに!
なすの皮は斜めせん切りにして水にさらし、2〜3度水をかえてアクを抜く。水けをきり、塩・えごま油各少々であえる。

豆もやし

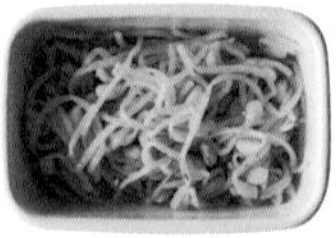

プチプチした食感が心地よい、ナムルの定番。

1 豆もやし1袋(200g)はひげ根を取って熱湯で3分ゆで、ざるにあげる(または電子レンジで約3分加熱する)。
2 基本の調味料を加えてあえる。

オクラ

縦に細く切り、味をしっかりからめます。

1 オクラ10本は熱湯でさっとゆでて冷水にとり、水けをきる。
2 ガクを斜めにそぎ落とし、縦6等分に切る。基本の調味料を加えてあえ、えごま粉少々をふる。

にんじん

油で炒めてコクを出し、うまみを閉じ込めます。

1 にんじん1本は皮をむき、斜め薄切りにしてからせん切りにする。
2 フライパンに菜種油小さじ1を中火で熱し、1を入れて塩小さじ1/4をふり、じっくり炒める。
3 おろしにんにく小さじ1/4とえごま油小さじ1を加えてあえる。

note

ほかに、大根やかぶ、キャベツ、きゅうり、アスパラ、れんこん、たけのこなども塩ベースの味つけに向いています。

しょうゆの香りとうまみが具材によくからみ、
にんにくとの相性も上々。
濃い緑色の野菜や風味豊かな海藻、うまみの強いきのこのナムルに。

しょうゆベースのナムル

基本の調味料（作りやすい分量）
しょうゆ…小さじ1
おろしにんにく…小さじ1/3
えごま油（またはごま油）…小さじ1

保存の目安 それぞれ冷蔵庫で3日

にら

にらとにんにく、ダブルの香りで食欲アップ。

1 にら1束（100g）は熱湯でさっとゆで、冷水にとって水けを絞り、4cm長さに切る。
2 基本の調味料を加えてあえる。

きのこ

きのこのうまみに、ねぎの香りがアクセント。

1 まいたけ（好みのきのこでもよい）150gはほぐし、熱湯でさっとゆでてざるにあげる（または電子レンジで2分加熱する）。
2 基本の調味料を加えてあえ、細ねぎの小口切り少々をふる。

わかめ

肉厚な塩蔵わかめで。ごまをふって香ばしく。

1 塩蔵わかめ80gは水でもどしてよく洗い、食べやすい大きさに切って水けを絞る。
2 基本の調味料を加えてあえ、白いりごま少々をふる。

おかひじき

独特のシャキシャキ感、さわやかな香り。

1 おかひじき1パックは熱湯で1分ゆで、ざるにあげて水けを絞る。食べやすい長さに切る。
2 基本の調味料を加えてあえる。

note

ほかに、切り昆布や干ししいたけ、わらびやこごみなどの山菜もしょうゆベースで。なすを皮つきのままナムルにしたいときも、この味つけがおすすめです。

しょうゆみそベースのナムル

→ p.038

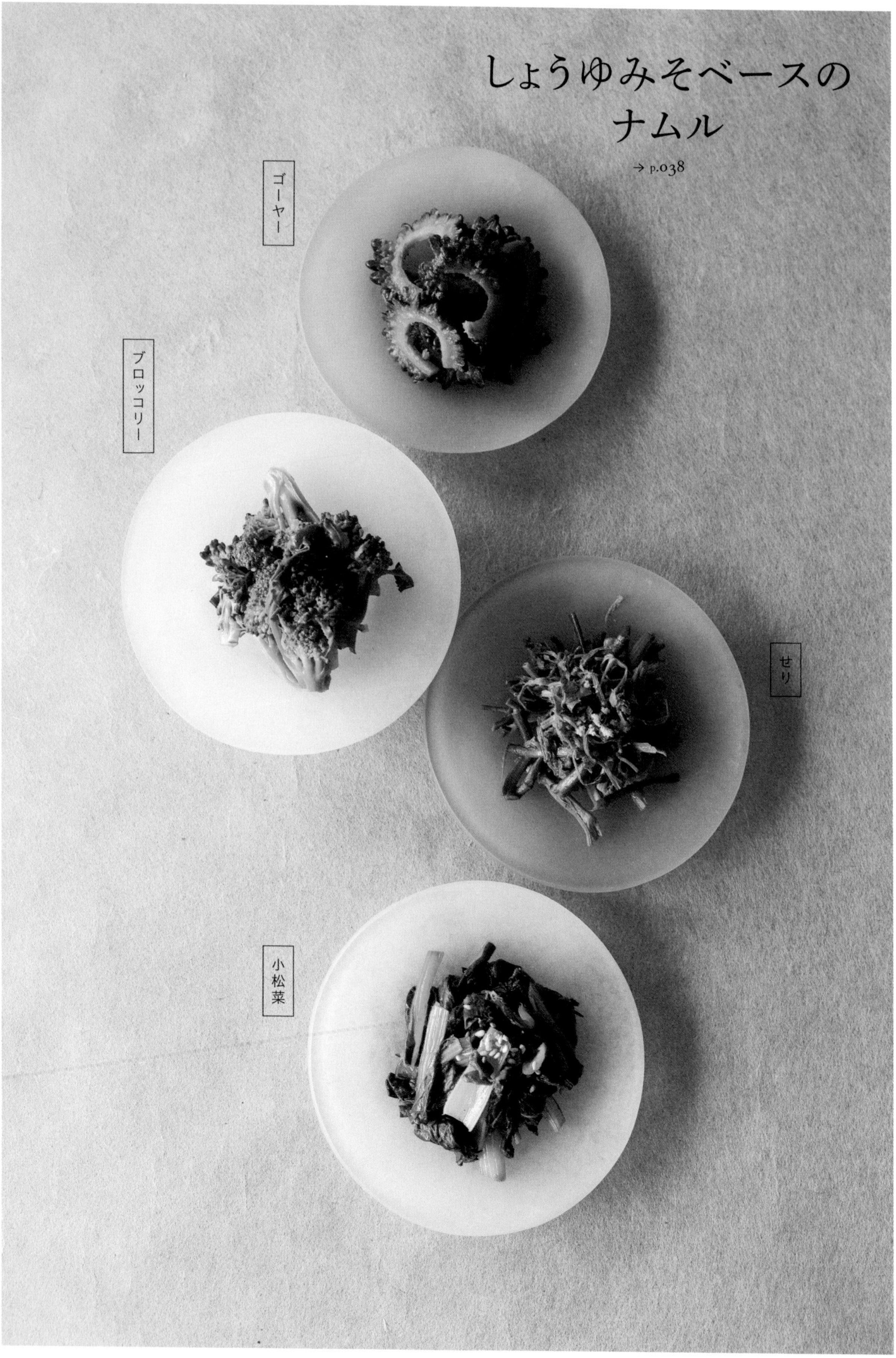

コチュジャンベースのナムル

→ p.039

しょうゆに韓国みそを加えるとコクが出て、ひと味違ったおいしさに。
私は葉野菜のナムルにこの味つけを使うのが好み。
みそは、日本のみそで代用してもOKです。

しょうゆみそベースのナムル

基本の調味料(作りやすい分量)

しょうゆ…小さじ$\frac{1}{2}$
韓国みそ(またはみそ)…小さじ1
おろしにんにく…小さじ$\frac{1}{3}$
えごま油(またはごま油)…小さじ1

保存の目安 それぞれ冷蔵庫で4日ほど

ゴーヤー

みそのおかげで苦みがマイルドに。

1 ゴーヤー$\frac{1}{2}$本は縦半分に切って種とワタを除き、薄切りにする。塩ひとつまみをふってしばらくおき、洗って水けを絞る。
2 基本の調味料を加えてあえる。

ブロッコリー

食感が残るよう、ややかためにゆでます。

1 ブロッコリー$\frac{1}{2}$個(150g)は小房に分け、熱湯で1分ゆで、ざるにあげる。
2 基本の調味料を加えてあえる。

せり

せり独特の香りが、しょうゆ+みそと調和。

1 せり1束(100g)は熱湯でさっとゆで、冷水にとって水けを絞り、3～4cm長さに切る。
2 基本の調味料を加えてあえ、えごま粉少々をふる。

小松菜

みそ味が入ることでうまみが増します。

1 小松菜1束(200g)は熱湯でさっとゆで、冷水にとって水けを絞り、3～4cm長さに切る。
2 基本の調味料を加えてあえ、白いりごま少々をふる。

note

ほかに、白菜、春菊、しろ菜、青梗菜、水菜、菜の花などの葉野菜にも。また、ごぼうやれんこんなどの根菜類に、うまみとコクをプラスしたいときにもおすすめです。

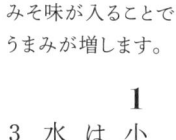

甘みと辛みのあるコチュジャンをベースにしたナムル。
個性的な味の素材にもよく合うので、いつものナムルと
少し目先を変えたいときにぴったりです。

コチュジャンベースのナムル

基本の調味料（作りやすい分量）
コチュジャン…大さじ1
しょうゆ…小さじ½
おろしにんにく…小さじ⅓
粉唐辛子…小さじ⅓

保存の目安 **それぞれ冷蔵庫で4〜5日**

ひじき

風味と歯ごたえのよいひじきを使って。

1 ひじき（乾燥）15gは水につけてもどし、さっと湯通ししてざるにあげ、水けを絞る。

2 基本の調味料を加えてあえ、白いりごま少々をふる。

きくらげ

コリッとした食感で、おかずにも、おつまみにも。

1 きくらげ（乾燥）15gは水につけてもどし、石づきを切り落とす。熱湯でさっとゆでてざるにあげ、食べやすい大きさに切る。

2 基本の調味料を加えてあえる。

長ねぎ

ゆでると甘みが増すねぎの白い部分で。

1 長ねぎ1本（白い部分）は4〜5cm長さの短冊切りにする。熱湯でさっとゆでてざるにあげ、キッチンペーパーで水けをふく。

2 基本の調味料を加えてあえ、白いりごま少々をふる。

たらの芽

たらの新芽のほのかな苦みを生かした大人味。

1 たらの芽150gは熱湯で1分ゆで、ざるにあげる。冷水にとって水けを絞る。

2 基本の調味料を加えてあえる（好みで酢少々を加えてもよい）。

note

コチュジャンベースの味つけは、こごみやうるいなどの山菜や、のびるや葉にんにくなど少しクセのある野菜とも合います。さっぱり仕上げたいときは、酢を加えたチョコチュジャンだれ（→ p.024）をベースにしても。

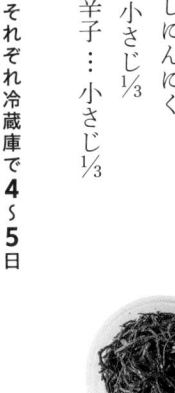

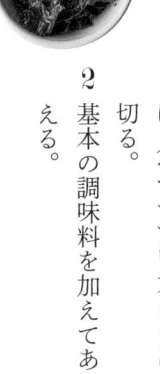

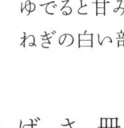

김치

キムチ

韓国の漬けものの代表、
キムチはミッパンチャンの定番。
本格漬けは手間がかかりますが、
たれとあえるだけの即席漬けなら
いつでもスタンバイOKです。
唐辛子を使わない浅漬け感覚のキムチや
汁を味わう水キムチも、箸休めにぴったり。

白菜の即席キムチ

辛さの中に甘みのあるさっぱり味。
シャキシャキと、サラダ感覚でいくらでも食べられます。

材料（作りやすい分量）

白菜…¼個（約500g）
大根…3cm
長ねぎ…⅓本
粗塩…大さじ1
キムチだれ（下記）…大さじ3〜4

作り方

1 白菜は1枚ずつはがし、縦半分に切ってから、斜めにそぎ切りにする（a）。大根は薄い輪切りにしてからせん切りにする。ボウルに合わせ、塩をまぶしてしばらくおく。

2 水けが出て、白菜の芯がしんなりしたらさっと洗い流してざるにあげ、自然に水けをきる（b）。

3 長ねぎは縦半分に切ってから、斜め薄切りにする。

4 2、3をボウルに合わせ、たれを加えてよく混ぜる（c）。

保存の目安
冷蔵庫で3週間ほど
空気に触れないように、保存袋に入れて空気を抜くか、保存容器ならラップをぴったりと張りつけてふたをする。保存容器は途中でかえないこと。酸味が出てきたら炒めものや煮ものに。

a
白菜は1枚ずつ持ち上げ、繊維に沿って上から下へ包丁を入れ、そぎ切りにする。

b
白菜と大根はざるにあげてしばらくおき、自然に水けをきる。絞らないのがポイント。

c
キムチだれを加えて手でまんべんなく混ぜ合わせ、野菜に味をなじませる。

---

note

【キムチだれ】

材料（作りやすい分量）

粉唐辛子…大さじ3
梨（またはりんご）のすりおろし…大さじ2
玉ねぎのすりおろし…大さじ2
おろしにんにく…大さじ1
おろししょうが…大さじ½
アミの塩辛…大さじ1
魚醤…大さじ1
梅シロップ…大さじ1
砂糖…小さじ1

作り方

1 アミの塩辛は包丁で細かく刻み、残りの材料と合わせてよく混ぜる（フードプロセッサーにかけてもよい）。

2 保存容器に入れて室温に半日〜1日おき、冷蔵庫へ移す。

保存の目安
冷蔵庫で2〜3週間

アミの塩辛や魚醤など、キムチのうまみの素になる材料をブレンド。夏場は半日、そのほかの季節は1日室温においてから、冷蔵庫で保存します。2〜3日すると熟成が進み、まろやかな味わいに！

即席キムチ3種

キムチだれ（→ p.041）を使えば
白菜以外の野菜でもパパッと即席キムチが作れます。

たたききゅうり

たたいて
味をしみ込ませます。
にらと合わせて香りよく。

1 きゅうり3本は塩少々をふって板ずりし、すりこぎで軽くたたいて割り、4〜5㎝長さに切る。にら5本は4〜5㎝長さに切る。

2 1をボウルに合わせ、塩小さじ½をまぶしてしばらくおく。さっと洗ってざるにあげ、水けをきる。

3 キムチだれ大さじ2を加えてよく混ぜる。

かぶ

生のかぶがシャキッとさわやか。
少し苦みのある葉も、
ぜひ加えて。

1 かぶ（葉つき）3個は皮つきのままくし形切りに、葉は3㎝長さに切る。

2 1をボウルに合わせ、塩大さじ½をまぶしてしばらくおく。しんなりしたらさっと洗ってざるにあげ、水けをきる。

3 キムチだれ大さじ2〜3を加えてよく混ぜる。

ミニトマト

たれの辛みにトマトの
酸味や甘みが溶け込み、
ジューシーなおいしさ。

1 ミニトマト20個はヘタを除いて十字に切り目を入れ、熱湯にさっとくぐらせて皮をむく。玉ねぎ¼個は薄切りにする。

2 1をボウルに合わせ、キムチだれ大さじ2〜3を加えてよく混ぜる。

保存の目安
それぞれ冷蔵庫で1週間ほど

料理教室の生徒さんに人気の、唐辛子を使わないキムチです。
材料の準備が少したいへんですが、あとは混ぜるだけで奥深い味わいに。

刻み白菜のゆずキムチ

材料（作りやすい分量）

白菜…¼個（約500g）
塩…大さじ1

A
- ゆずの皮（せん切り）…¼個分
- 梨（せん切り）…¼個
- 乾燥なつめ（せん切り）…2個
- 松の実…大さじ1
- 生栗（薄切り）…2個
- にんにく（せん切り）…10g
- しょうが（せん切り）…5g
- 細ねぎ（4cm長さに切る）…¼束（25g）
- せり（4cm長さに切る）…¼束（25g）
- アミの塩辛（みじん切り）…大さじ1

作り方

1 白菜は1枚ずつはがし、縦半分に切ってから、斜めにそぎ切りにする。ボウルに入れて塩をまぶし、しばらくおく。しんなりしたらさっと洗ってざるにあげ、自然に水けをきる。

2 ボウルにAを混ぜ合わせ、1を加えてあえる。

3 保存容器に入れて室温に半日〜1日おき、冷蔵庫へ移す。

保存の目安　冷蔵庫で約1週間

梨のやさしい甘みを加えた、辛くないキムチ。
箸休めにぴったりで、冷蔵庫にあると長く楽しめます。

白菜のロールキムチ

材料（作りやすい分量）

白菜…小10枚（800g）
塩…大さじ1

漬け汁

塩…大さじ1
砂糖…小さじ1
水…1カップ

A

大根（せん切り）…150g
梨（せん切り）…1/4個
にんにく（せん切り）…2片
しょうが（せん切り）…1かけ
塩…小さじ2/3
糸唐辛子（あれば）…少々

作り方

1 白菜は1枚ずつ、芯の部分を中心に塩をまぶす。バットに重ねて入れ、水少々をふり、重石（2ℓ入りのペットボトルなど）をのせて半日ほどおく。
2 芯がしんなりして、折れ曲がるくらいになったら洗ってざるにあげ、自然に水けをきる。
3 漬け汁の材料を鍋に合わせて煮立て、火を止めて冷ます。
4 ボウルにAを混ぜ合わせる。
5 2を1枚ずつ広げ、芯側に4をのせて巻く（写真下）。
6 保存容器に5の巻き終わりを下にして並べ、3を注ぐ。室温に半日〜1日おき、冷蔵庫へ移す。

芯の部分が厚くて巻きにくいようなら、薄くそぎ、Aといっしょに巻くとよい。

保存の目安
冷蔵庫で1〜2か月
食べるときにひと口大に切る。

柑橘入り水キムチ

汁ごといただく涼やかな水キムチ。柑橘の香りがさわやかです。
日をおくほどに、発酵が進んでうまみが増します。

材料(作りやすい分量)

好みの柑橘類(みかん、ポンカン、いよかん、甘夏など)…250g
白菜…2〜3枚(150g)
大根…150g
粗塩…大さじ½
砂糖…大さじ½

A
にんにく(せん切り)…2片
しょうがの絞り汁…小さじ½
赤唐辛子(せん切り)…少々
ミネラルウォーター…2と½カップ
塩…大さじ½
砂糖…小さじ½

作り方

1 白菜と大根は2cm角に切り、粗塩と砂糖をまぶして30分ほどおく。
2 柑橘は皮と薄皮をむき、実をほぐす(みかんの場合はほぐさなくてよい)。
3 保存容器にAを合わせ、1、2を汁ごと加えて混ぜる。
4 室温に半日〜1日おき、冷蔵庫へ移して5日以上おく(できれば2週間ほどおくとうまみが増す)。

保存の目安 冷蔵庫で1〜2か月
食べるときにせりや赤唐辛子各少々を彩りに添えても。

「トンチミ」と呼ばれる大根の水キムチは、消化を促すので肉料理と好相性。乳酸菌たっぷりの漬け汁もごちそうで、冷麺のスープとしても活用できます。

大根の水キムチ

材料（作りやすい分量）

大根…1/2本
細ねぎ…4本
赤・青生唐辛子…各1本
粗塩…大さじ1

A
ミネラルウォーター…5カップ
粗塩…大さじ1と1/2
砂糖…大さじ1
梨（皮つきのままくし形切り）…1/2個（200〜250g）
にんにく（薄切り）…20g
しょうが（薄切り）…10g

作り方

1 大根は皮つきのまま縦4つ割りにする（a）。細ねぎ、唐辛子とともにボウルに入れて塩をまぶし、室温で半日〜1日おく。

2 1の細ねぎは5cm長さになるように折り重ね、先端をぐるぐると巻きつけてとめる。

3 保存袋にAを合わせ、汁けをきった大根と唐辛子、2を加える（b）。

4 室温に半日〜1日おき、冷蔵庫へ移して5日以上おく（できれば2週間ほどおくとうまみが増す）。

保存の目安
冷蔵庫で1〜2か月
食べるときに大根をひと口大に切り、細ねぎ、唐辛子とともに汁ごと器に盛る。

a
大根は大ぶりに切って漬ける。甘さをたくわえた冬の大根でぜひ！

b
保存袋に入れて漬ける。漬けている間は、なるべく袋の口を開けないこと。

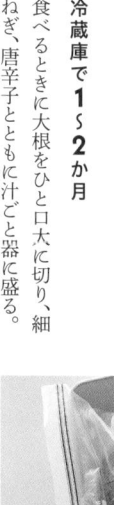

2. 副菜にも、メインのおかずにも

ボリュームたっぷりの炒めもの、
まとめて作っておくと味がしみておいしい煮もの、
季節の野菜で作るジョンなど、ミッパンチャンは
副菜だけでなく、メインのおかずや、お酒のつまみにも大活躍。
そのまま食べるのはもちろん、葉野菜に包んだり、
ごはんにのせて食べたりと楽しみ方も広がります。

볶음

炒めもの

メインのおかずにはもちろん、
副菜にもあるとうれしいミッパンチャンです。
炒める前に、
素材に下味をつけておくのがポイント。

肉と野菜は、たれに漬け込んだらしばらく寝かせ、
しっかり味をなじませるのが、おいしさの秘訣。
えのきやエリンギなど、きのこ類を加えてもよく合います。

牛肉のプルコギ

材料(2人分×2回)
牛肩ロース薄切り肉…200g
梨(またはりんご)のすりおろし…大さじ3
玉ねぎ…1/2個
長ねぎ…1/2本
赤・青生唐辛子…各1/3本
プルコギだれ(下記)…大さじ4
菜種油…小さじ1

作り方
1 牛肉は5cm幅に切ってボウルに入れ、梨のすりおろしを加えて混ぜ、15分ほどおく。
2 玉ねぎは薄切りに、長ねぎと唐辛子は斜め薄切りにする。
3 1に2とたれを加えてよく混ぜ、冷蔵庫で30分以上おいて味をなじませる(写真下)。
4 フライパンに油を中火で熱し、3を炒め、全体に火を通す。

保存の目安
冷蔵庫で3~4日

肉をたれに漬け込んだ状態で保存してもよい。日持ちは、冷蔵庫で2~3日。ひと晩以上寝かせるとより味がしみて肉がやわらかくなる。

note

【プルコギだれ】

材料(作りやすい分量)
しょうゆ…大さじ3
玉ねぎのすりおろし…大さじ3
梨(またはりんご)のすりおろし…大さじ3
梅シロップ…大さじ1
砂糖…大さじ1/2
おろしにんにく…大さじ1/2
白いりごま・ごま油…各小さじ1
こしょう…少々

作り方
すべての材料をよく混ぜ合わせる。

保存の目安
冷蔵庫で2週間ほど

すりおろした梨を加え、フルーティな甘みをつけた風味のよい炒めだれ。牛肉のほか、鶏肉や豚肉、イカやホタテなどの炒めものに、万能に使えます。

ごはんが進む、韓国風のみそ炒め。
えごまの葉やサラダ菜など、葉野菜で巻いてどうぞ。
生の青唐辛子を添え、ときどきかじりながらいただくのも韓国風。

豚バラ肉のコチュジャン炒め

材料(2人分×2回)

豚バラ薄切り肉…200g
玉ねぎ…½個
長ねぎ…½本
コチュジャンだれ(下記)…大さじ4
白いりごま…小さじ1
菜種油…小さじ1

作り方

1 豚肉は4～5cm幅に切る。玉ねぎは薄切りに、長ねぎは斜め薄切りにする。
2 1をボウルに合わせ、たれを加えて混ぜる。
3 フライパンに油を中火で熱し、2を入れて豚肉に火が通るまで炒め、ごまをふる。

保存の目安 冷蔵庫で3～4日

note

【コチュジャンだれ】

材料(作りやすい分量)

コチュジャン…大さじ3
しょうゆ…大さじ½
梅シロップ…大さじ½
おろしにんにく…大さじ½
粉唐辛子…小さじ1
ごま油…小さじ1
こしょう…少々

作り方

すべての材料をよく混ぜ合わせる。

保存の目安 冷蔵庫で2週間ほど

韓国では定番の炒めもののたれ。辛さの中に甘みとコクがあり、肉炒めにも野菜炒めにも活用できます。

牛肉としし とうのにんにく炒め

牛肉は、好みの部位や、切り落としでかまいません。
水あめをもみ込んでから、たっぷりのにんにくと合わせます。

材料（2人分×2回）

牛薄切り肉…200g
ししとう…10〜12本
水あめ（またははちみつ）…小さじ1
にんにく（薄切り）…3片

A
- 塩…小さじ¼
- こしょう…適量
- 酒…大さじ1
- しょうゆ…小さじ2

菜種油…大さじ½

作り方

1 牛肉は3〜4cm幅に切り、水あめをもみ込む。ししとうは爪で穴をあける。

2 フライパンに油とにんにくを中火で熱し、香りが立ったら1の牛肉を入れてさっと炒める。Aを順に加えて混ぜ、取り出す。

3 同じフライパンでししとうをさっと炒め、2とともに器に盛る。

保存の目安 冷蔵庫で3〜4日

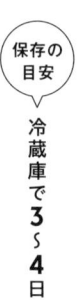

キムチは酸味のあるものを使うのがおすすめ。
よく炒めることでコクが出て、汁けがとろりとして肉にからみます。

豚キムチ炒め

材料（2人分×2回）

豚こま切れ肉…200g
白菜キムチ…200g

A
- 酒…大さじ1
- しょうゆ…大さじ½
- おろしにんにく…小さじ1
- 水あめ（またははちみつ）…小さじ1
- ごま油…小さじ1

菜種油…小さじ1
白いりごま・ごま油…各小さじ1

作り方

1 ボウルに豚肉とAを入れて混ぜる。キムチはざく切りにする。

2 フライパンに菜種油を中火で熱し、豚肉を炒める。肉の色が変わったらキムチを加え、弱めの中火で7〜8分、じっくり炒める。

3 ごまをふり、ごま油をまわしかける。

保存の目安 冷蔵庫で**3〜4**日

note

【 残った汁でチャーハンに！ 】

フライパンに残った汁でチャーハンを作るのも、炒めもののあとのお楽しみ。ごはんをへらでギュッと押しつけ、お焦げを作るのが韓国風です。「牛肉のプルコギ」「豚バラ肉のコチュジャン炒め」などでもぜひお試しを！

鶏肉にコチュジャンだれをからめて炒めるだけ。
最後に加える水あめで、コクが増します。

鶏肉の甘辛炒め

材料（2人分×2回）

鶏もも（またはむね）肉…200g
コチュジャンだれ（→p.050参照）…大さじ4
水あめ（またははちみつ）…小さじ1
菜種油…小さじ1

作り方

1 鶏肉は薄めのそぎ切りにし、たれをもみ込む。
2 フライパンに油を中火で熱し、1を炒める。鶏肉に火が通ったら、水あめをまわしかけて火を止める。

保存の目安
冷蔵庫で3〜4日
たっぷりのせん切りキャベツ（分量外）を添えると、さっぱり食べられる。

砂肝のコリコリした食感がたまりません。
にらをたっぷり加えて、香味を満喫！

砂肝の香味炒め

材料（2人分×2回）

砂肝…150g
玉ねぎ…1/4個
長ねぎ…1/3本
にら…4〜5本
塩・こしょう…各少々
菜種油…小さじ1
コチュジャンだれ（→p.050参照）…大さじ2
酒…大さじ1
白いりごま・ごま油…各小さじ1

作り方

1 砂肝は洗って水けをふく。白くかたい筋を切り落とし、切り目を2〜3本入れて、食べやすい大きさに切る。
2 玉ねぎは薄切りに、長ねぎは小口切りにする。にらは3cm長さに切る。
3 フライパンに菜種油を中火で熱し、1を炒める。火が通ったら塩、こしょうをふり、玉ねぎと長ねぎ、たれ、酒を加えて炒め合わせる。
4 にらとごま、ごま油を加えてざっと混ぜ、火を止める。

保存の目安　冷蔵庫で4〜5日

塩チャプチェ 2種

甘辛い味つけのイメージがあるチャプチェですが、ここでは、季節ごとの美しい食材の色を生かし、塩ベースで仕上げます。

【韓国春雨の下ごしらえ】

緑色が目にもさわやかな、初夏のチャプチェです。

アスパラと玉ねぎの塩チャプチェ

材料(2人分×2回)

韓国春雨(下味をつけたもの。左上)… 全量
グリーンアスパラ … 4本
玉ねぎ … ½個
塩・こしょう … 各適量
菜種油 … 小さじ1+小さじ1
粗びき黒こしょう … 少々

作り方

1 アスパラはさっとゆでて冷水にとり、水けをきって斜め薄切りにする。玉ねぎは薄切りにする。

2 フライパンに油小さじ1を中火で熱し、アスパラを炒める。油がなじんだら塩ひとつまみとこしょうをふり、ボウルに移す。

3 フライパンに油小さじ1を足して玉ねぎを炒め、しんなりしたら塩ひとつまみとこしょうをふり、2と合わせる。

4 韓国春雨を加えて混ぜ、黒こしょうをふる。

保存の目安 冷蔵庫で3～4日

note

材料（2人分×2回）

韓国春雨（乾燥）…100g

煮干しだし（↓p.010参照）…1/2カップ

A
- 魚醬・ごま油…各小さじ2
- うす口しょうゆ…小さじ1
- おろしにんにく…小さじ2/3

作り方

1 鍋に湯を沸かし、春雨を6分ほどゆでてざるにあげる。

2 フライパンにAを合わせて中火で煮立て、1を加えて汁けがほとんどなくなるまで煮る。

韓国の春雨は「タンミョン」「昔の春雨」などとも呼ばれる、さつまいものでんぷん100％でできているもの。日本の春雨より太く、コシが強いのが特徴です。弾力があり、時間がたってものびないので、常備菜にも向いています。

秋のチャプチェは、きのこだけのシックな色合い。

きのこづくしの塩チャプチェ

材料（2人分×2回）

韓国春雨（下味をつけたもの。上記）…全量

まいたけ・エリンギ…合わせて200g

玉ねぎ…1/2個

おろしにんにく…小さじ1/2

塩・こしょう…各適量

菜種油…小さじ1＋大さじ1

粗びき黒こしょう…少々

作り方

1 玉ねぎは薄切りにする。まいたけはほぐし、エリンギは食べやすく切る。

2 フライパンに油小さじ1を中火で熱し、玉ねぎを炒める。しんなりしたら塩ひとつまみとこしょうをふり、ボウルに移す。

3 フライパンに油大さじ1とにんにくを中火で熱し、きのこを加えてさっと炒める。塩ひとつまみとこしょうをふり、2と合わせる。

4 韓国春雨を加えて混ぜ、黒こしょうをふる。

保存の目安 冷蔵庫で3〜4日

しみじみおいしい切り昆布に、にんにくの香りと
だし+しょうゆ味を含ませます。お酒のアテに最高。

切り昆布のにんにくじょうゆ炒め

材料（2人分×2～3回）

切り昆布…150g
にんにく（薄切り）…2片
玉ねぎ（薄切り）…1/2個
にんじん（せん切り）…小1/4本

A
煮干しだし（→p.010参照）…1/2カップ
しょうゆ…小さじ2
塩…ひとつまみ

菜種油…小さじ1
白いりごま…小さじ1
ごま油…小さじ1/2

作り方

1 フライパンに菜種油を中火で熱し、にんにくを炒める。香りが立ったら切り昆布、玉ねぎ、にんじんを加えて炒め、Aを加えて煮る。

2 汁けが半量くらいになったら、ごまとごま油を加えてさらに炒め、汁けがなくなったら火を止める。

保存の目安 冷蔵庫で3～4日

桜えびの香ばしさに、パンチのあるにんにくの風味。
食欲が刺激される一品です。

桜えびとにんにくの芽の甘辛炒め

材料（2人分×2回）

桜えび（乾燥）…20g
にんにくの芽…80g

A
みりん…大さじ1/2
しょうゆ…大さじ1/2
砂糖…大さじ1/2
コチュジャン…小さじ1
水あめ（またははちみつ）…小さじ1

白いりごま…少々

作り方

1 桜えびはフライパンでからいりし、ざるにあけて細かい粉をふり落とす。

2 にんにくの芽は4～5cm長さに切り、熱湯でさっとゆでる。

3 フライパンをさっとふき、Aを合わせて煮立て、1を加えてからめる。2を加えて炒め合わせ、ごまをふる。

保存の目安 冷蔵庫で5～6日

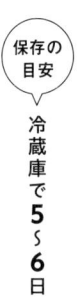

なすと玉ねぎの香味みそ炒め

コクのあるみそを、淡泊ななすにまとわせます。
みそは、韓国のものでも、日本のものでも。

材料（2人分×2回）

なす…大2個
玉ねぎ…大1/2個
細ねぎ…3〜4本

A
みそ・水・酒・みりん…各大さじ1
水あめ（またははちみつ）・おろしにんにく…各小さじ1
こしょう…少々
赤・青生唐辛子…各少々

えごま油…小さじ1
白いりごま…小さじ1
菜種油…小さじ1

作り方

1 なすはヘタを切り落とし、縦に薄切りにする。玉ねぎは薄切り、細ねぎは3〜4cm長さに切り、Aの唐辛子はみじん切りにする。

2 フライパンを中火で熱し、なすを並べる。両面を素焼きし、一度取り出す。

3 フライパンに油を熱して玉ねぎを炒め、混ぜ合わせたAを加える。2を戻し入れてさっと炒め、火を止めて細ねぎを加え、ごまをふって混ぜる。

保存の目安
冷蔵庫で4〜5日

こんにゃくは、炒めることでプリプリした食感に。
包丁で切らずに手でちぎるほうが、味がよくしみ込みます。

こんにゃくのピリ辛炒め

材料(2人分×2回)

こんにゃく…1枚(250g)
にんにく(みじん切り)…大さじ½
菜種油・ごま油…各小さじ1
A
みりん…大さじ1
魚醤…大さじ½
粉唐辛子…小さじ1
しょうゆ…小さじ1

作り方

1 こんにゃくは熱湯でゆでてアク抜きをし、粗熱を取って手で小さめにちぎる(写真下)。
2 フライパンに菜種油とごま油、にんにくを弱火で熱し、香りが立ったら1を加えて炒める。
3 Aを加え、汁けがなくなるまで炒める。

保存の目安 冷蔵庫で4~5日

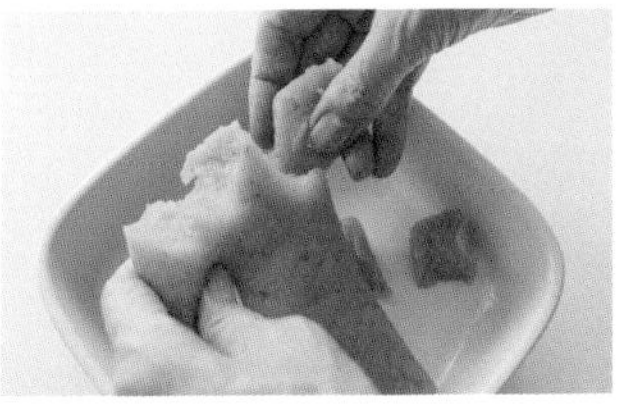

こんにゃくはちぎって表面積を広くすると、味がしみやすくなる。

じゃことナッツの甘辛炒め

韓国の食卓に欠かせないじゃこ炒め。
歯ごたえのよい組み合わせで、あとを引くおいしさです。
辛いほうが好みなら、粉唐辛子を小さじ1ほど加えても。

材料（2人分×2回）

ちりめんじゃこ…50g
好みのナッツ（無塩）…30g
A しょうゆ…大さじ1
A みりん…大さじ1
A 砂糖…大さじ1
水あめ（またははちみつ）…大さじ½
白いりごま…小さじ1

作り方

1 じゃこはフライパンでからいりし、ざるにあけて細かい粉をふり落とす。
2 フライパンをさっとふき、Aを合わせて煮立てる。1とナッツを加えてさっと炒め、水あめを加えてからめ、ごまをふる。

保存の目安 冷蔵庫で5〜6日

note

【ミョルチキンパ】

材料（2人分×2回）

じゃことナッツの甘辛炒め…適量
えごまの葉…4枚
きゅうり（せん切り）…½本
温かいごはん…茶碗2杯分
A 塩…ひとつまみ
A ごま油…小さじ1
のり（全形）…3枚
ごま油・塩・白いりごま…各少々

作り方

1 ごはんにAを加えて混ぜる。
2 のり1枚に1の半量をのせて薄く広げ、中央に半分に切ったのりを1枚のせ、えごまの葉、きゅうり、じゃことナッツの甘辛炒めをそれぞれ半量ずつのせて巻く。もう1本も同様に巻く。
3 のりの表面にごま油を薄く塗り、塩とごまをふって食べやすく切る。

「じゃことナッツの甘辛炒め」を具にしたキンパを、韓国では「ミョルチキンパ」と呼びます。「ミョルチ」とは韓国語で煮干しやじゃこのこと。ここではシンプルにきゅうりとえごまの葉を合わせましたが、卵焼きやたくあんなどを加えて巻くのもおすすめです。

조림

煮もの

メインのおかずになる
肉や魚の煮ものはもちろん、
豆腐や豆、根菜を使った煮ものも
韓国ではミッパンチャンの定番。
甘辛く仕上げても、
コチュジャンや粉唐辛子で
ピリ辛味にしても、ごはんが進みます。

ホクホクの大豆が、鶏のうまみを吸って美味。
しょうゆと塩ベースの、あっさりやさしい味わいです。

鶏肉と大豆の煮もの

材料(2人分×2回)

鶏もも肉…1枚(約250g)
にんにく(つぶす)…4片
ゆで大豆(下記。市販品でもよい)…½カップ

A
酒…大さじ½
しょうゆ…小さじ1
塩…小さじ¼
こしょう…少々

菜種油…大さじ½
塩…少々
えごま油・えごま粉…各小さじ1

作り方

1 鶏肉はひと口大に切る。
2 鍋に菜種油とにんにくを中火で熱し、香りが立ったら**1**を入れて両面を焼く。**A**を加え、ゆで大豆と水½カップを加えて20分ほど煮る。
3 塩で味をととのえ、仕上げにえごま油とえごま粉を加える。

保存の目安
冷蔵庫で4～5日
保存するときは、煮汁ごと容器に入れ、ふたをして冷蔵庫へ。食べるときは電子レンジで温めるか、鍋に移して煮返す。

note

【ゆで大豆】

材料と作り方(作りやすい分量)

1 大豆(乾燥)1カップはたっぷりの水にひと晩つけてもどす。
2 鍋に**1**を水ごと入れ、弱めの中火でやわらかくなるまで40分ほどゆでる。

保存の目安
冷蔵庫で4～5日／冷凍庫で1か月ほど

韓国では、大豆は体調を整える食材とされ、肉とともに煮込んだり、ごはんに炊き込んだりして、よくいただきます。保存するときはゆで汁につけたまま保存容器に入れ、ふたをして冷蔵庫へ。

野菜の甘みが溶け出たたれが、鶏肉にからみます。
トック（韓国のもち）やじゃがいもを加えても。

鶏手羽元の甘辛煮

材料（2人分×2回）

鶏手羽元…8本
玉ねぎ…200g
にんじん…100g
にんにく（つぶす）…3片

A
- 塩・こしょう…各少々
- 酒…大さじ1

B
- コチュジャン…大さじ2
- 粉唐辛子…小さじ1
- おろしにんにく…小さじ1
- しょうゆ…大さじ1
- 水あめ（またははちみつ）…大さじ1
- 水…½カップ

菜種油…小さじ1

作り方

1 手羽元は骨に沿って包丁で切り目を入れ、Aをまぶす。

2 玉ねぎは1㎝幅に切り、にんじんは小さめの乱切りにする。

3 鍋に油とにんにくを中火で熱し、香りが立ったら1を入れて全面を焼きつける。2を加えて炒め合わせ、油がまわったらBを加えてふたをし、中火で30分ほど煮る。

保存の目安 冷蔵庫で4〜5日

ねぎの甘みを豚肉で包み、甘辛く煮ました。
おつまみにもぴったりです。

豚肉のねぎ巻き煮

材料(2人分×2回)

豚しゃぶしゃぶ用肉…10枚(150g)
長ねぎ…1本
えごまの葉…5枚
塩・こしょう・小麦粉…各少々
A コチュジャンだれ(→p.050参照)…大さじ2
　酒…大さじ1
菜種油…小さじ1

作り方

1 長ねぎは10等分(約4cm長さ)に切り、斜めに数か所切り目を入れる。えごまの葉は軸を除き、縦半分に切る。豚肉はバットに広げ、塩、こしょうをふる。

2 豚肉1枚にえごまの葉1切れと長ねぎ1切れをのせて巻く(写真下)。小麦粉を薄くまぶす。

3 フライパンに油を中火で熱し、2の巻き終わりを下にして並べ、ときどき転がしながら焼きつける。

4 余分な油をふき取り、Aを加えて全体に味をからませながら煮る。

長ねぎを芯にして手前からくるくると巻く。

保存の目安 冷蔵庫で4~5日
食べるときに白いりごま少々(分量外)をふる。

皮をむいてじっくり煮たなすは、ふわっとした食感。
煮汁ごと保存すれば、よく味を含みます。

なすの肉詰め煮

材料（2人分×2回）

なす…8個
豚ひき肉…150g
小麦粉…適量

A
長ねぎ（みじん切り）…大さじ1
おろしにんにく…小さじ1
しょうゆ…小さじ1
ごま油…小さじ1
塩・こしょう…各少々

B
煮干しだし（↓p.010参照）…1と½カップ
みりん…大さじ1
しょうゆ…小さじ1
塩…小さじ½

赤・青生唐辛子（斜め薄切り）…各適量

作り方

1 なすはヘタを切り落とし、ピーラーで皮をむく。ヘタの反対側から⅔まで十字の切り目を入れ、内側に小麦粉をふる。

☆むいた皮は、せん切りにしてナムルにするとよい（↓p.034参照）。

2 ひき肉にAを加えて混ぜ、8等分して**1**の切り目に詰める（a）。手で軽くにぎってなじませる（b）。

3 Bを鍋に入れて中火にかけ、**2**を加えて20分ほど煮る。汁けがなくなってきたら唐辛子を加えて火を止める。

保存の目安
冷蔵庫で4〜5日

a
肉だねがはがれないように、なすの切り目の内側に粉をふってから詰める。

b
肉だねを詰めたら、軽くにぎってなすとなじませ、形を整える。

メインおかずに最適な、韓国人も大好きな一品。
牛肉は下ゆでしてくさみを除いてから、うずら卵とともに煮含めます。

牛肉とうずら卵のしょうゆ煮

材料（2人分×2回）

牛ももかたまり肉…300g
うずら卵…20個
にんにく…4片
ししとう…8本

A
- 水…3カップ
- 長ねぎの青い部分や根・玉ねぎの皮など…各適量
- 黒粒こしょう…小さじ½
- にんにく（つぶす）…2片
- しょうが（薄切り）…1枚

B
- しょうゆ…大さじ2
- 砂糖…大さじ1
- 塩…少々

作り方

1 牛肉はたっぷりの水に20分ほどつけて血抜きする。熱湯で3分ほどゆで、ざるにあげる。

2 うずら卵は塩適量（分量外）を加えた湯で3〜4分ゆでて殻をむく。

3 鍋にAを入れて中火にかけ、1を加えて30〜40分ゆでる。牛肉を取り出し、ゆで汁を漉す（約2と½カップになる）。

4 ゆで汁を鍋に戻し入れ、Bを加えて混ぜる。牛肉を戻し入れ、2、にんにくも加えて20分煮る。

5 牛肉を取り出して繊維に沿って裂き、鍋に戻す。ししとうを加えて5分ほど煮る。

保存の目安
冷蔵庫で4〜5日

ポイントは、牛肉に下味をしっかりもみ込んでおくこと。
仕上げのえごま粉で、風味とコクがプラスされます。

牛肉と里いもの煮もの

材料（2人分×2回）

牛こま切れ肉…200g
里いも…小8個
長ねぎ…1/2本

A
おろしにんにく…小さじ1
しょうゆ…小さじ1
砂糖…小さじ1
こしょう…少々
ごま油…小さじ1

B
煮干しだし（→p.010参照）…1カップ
しょうゆ…小さじ1
塩…小さじ1/3

菜種油…小さじ1
えごま粉…大さじ2

作り方

1 牛肉はAをもみ込む。里いもは皮をむき、長ねぎは1cm幅に切る。

2 鍋に油を中火で熱し、牛肉を炒める。里いもと長ねぎを加えて混ぜ、Bを加えて弱火にし、アクを取りながら里いもがやわらかくなるまで煮る。

3 煮汁適量でえごま粉を溶き、2に加えて混ぜる。

保存の目安
冷蔵庫で4～5日

鍋に大根やじゃがいも、玉ねぎなどを敷いて魚をのせ、煮込むのが韓国風。
ふっくらとやわらかいタチウオに、味がしみた大根もごちそうです。

タチウオと大根のピリ辛煮

材料(2人分×2回)

タチウオ…4切れ(320g)
大根…4cm
長ねぎ…1/3本
塩…少々

A
煮干しだし(→p.010参照)…1/2カップ
しょうゆ…大さじ1
みりん…大さじ1
酒…大さじ1
おろしにんにく…小さじ1
粉唐辛子(好みで)…小さじ1～

作り方

1 タチウオは背びれの部分にV字に包丁を入れ、切り落とす。塩をふってしばらくおき、水けをふく。

2 大根は1cm厚さの半月切りに、長ねぎは斜め薄切りにする。

3 鍋に大根を並べ、ひたひたの水を加えて中火にかけ、竹串がスッと通るくらいまで下ゆでする。

4 ゆで汁を捨てて1をのせ(写真下)、Aを加えて中火で20分ほど煮る。タチウオに火が通ったら長ねぎを加え、煮汁が少なくなるまで煮る。

大根を下に敷くことで魚が焦げつかず、つけ合わせもいっしょに調理できて合理的。

保存の目安
冷蔵庫で3～4日
保存容器に入れて冷蔵保存。電子レンジで温め直して食卓へ。

「タチウオと大根のピリ辛煮」(→ p.072)と同じ煮汁で、魚と野菜をかえて。
じゃがいものホクホク感を楽しめます。魚はタラで作っても。

サワラとじゃがいものピリ辛煮

材料(2人分×2回)

サワラ…4切れ(320g)
じゃがいも…2個
長ねぎ…1/3本
塩…少々

A
煮干しだし(→p.010参照)…1/2カップ
しょうゆ…大さじ1
みりん…大さじ1
酒…大さじ1
おろしにんにく…小さじ1
粉唐辛子(好みで)…小さじ1〜

作り方

1 サワラは塩をふってしばらくおき、水けをふく。
2 じゃがいもは皮をむいて1cm厚さの半月切りに、長ねぎは斜め薄切りにする。
3 鍋にじゃがいもを並べて1をのせ、Aを加えて中火で20分ほど煮る。サワラに火が通ったら長ねぎを加え、煮汁が少なくなるまで煮る。

保存の目安 冷蔵庫で3〜4日

「みそベースのチャンアチ」のみそ床を味つけに活用。
玉ねぎを敷いてトロトロに煮込みます。

サバの韓国風みそ煮

材料（2人分×2回）

サバ…4切れ（320g）
玉ねぎ…1個
青唐辛子（またはししとう）…1本
塩…少々

A
煮干しだし（↓p.010参照）…½カップ
「みそベースのチャンアチ」のみそ床（↓p.017参照）…大さじ3〜＊
みりん…大さじ1
酒…大さじ1

＊具材を漬け込んだあとのみそを使用する場合は、やや多めに加える。

作り方

1 サバは塩をふってしばらくおき、水けをふく。

2 玉ねぎは半分に切ってから、1cm幅に切る。青唐辛子は小口切りにする。

3 鍋に玉ねぎを敷いて**1**をのせ、**A**を加えて中火で20分ほど、煮汁が少なくなるまで煮る。

4 青唐辛子を加え、火を止める。

保存の目安 冷蔵庫で**3〜4**日

キムチはじっくり炒めてうまみを凝縮。
古漬けのキムチを使うと酸味を生かせます。

豆腐とキムチの煮もの

材料(2人分×2回)

木綿豆腐…1丁(300g)
白菜キムチ(刻む)…1カップ
ごま油…小さじ1

A
- 煮干しだし(→p.010参照)…1/2カップ
- しょうゆ…小さじ1
- みりん…小さじ1

白いりごま…少々

作り方

1 豆腐はキッチンペーパーで包んで水きりし、食べやすい大きさに切る。

2 フライパンにごま油を弱めの中火で熱し、キムチを入れて2分ほどじっくり炒める。

3 **1**とAを加え、中火にして15分ほど煮て、ごまをふる。

保存の目安
冷蔵庫で2日ほど
切り身魚やイカ、豚肉を加えて煮てもおいしい。

明太子のうまみと辛みを豆腐にまとわせます。
豆腐は焼いてから加えると煮くずれしません。

豆腐の明太子煮

材料(2人分×2回)

木綿豆腐…1丁(300g)
明太子…1腹(約80g)
塩…少々

A
- 水…大さじ4
- みりん…大さじ1
- 粉唐辛子…小さじ1
- ごま油…小さじ1
- おろしにんにく…小さじ1/3

菜種油…小さじ1

作り方

1 豆腐はキッチンペーパーで包んで水きりし、食べやすい大きさに切る。塩をふり、下味をつける。

2 明太子は薄皮を除いてほぐし、Aと混ぜる。

3 フライパンに油を中火で熱し、**1**の両面をさっと焼く。**2**を加えて明太子に火が通るまで煮る。

保存の目安
冷蔵庫で2日ほど
食べるときに器に豆腐を盛って明太子をのせ、細ねぎ(小口切り)適量をのせる。

さつま揚げと玉ねぎのピリ辛煮

さつま揚げのうまみに玉ねぎの甘みがマッチ。
韓国では定番の煮ものです。

材料（2人分×2回）

さつま揚げ…小4枚（100g）
玉ねぎ…1/4個

A
- 水…大さじ2
- みりん…大さじ1
- 粉唐辛子…小さじ1
- しょうゆ…小さじ1
- 水あめ（またははちみつ）…小さじ1
- おろしにんにく…小さじ1/2

菜種油…小さじ1
白いりごま…少々

作り方

1 さつま揚げと玉ねぎは薄切りにする。
2 フライパンに油を中火で熱し、1を炒める。
3 Aを加えて汁けがなくなるまで炒め煮にし、火を止めてごまをふる。

保存の目安 冷蔵庫で5日ほど

甘めの煮汁で卵を煮て、くるみを投入。
ゆで卵は好みのかたさのもので。8個までは同じ分量の煮汁でOKです。

ゆで卵とくるみの甘辛煮

材料（作りやすい分量）
ゆで卵…4～8個
くるみ…30g～

A
煮干しだし（→p.010参照）…1カップ
しょうゆ…大さじ1と1/2
みりん…大さじ1
水あめ（またははちみつ）…大さじ1/2
塩…小さじ1/4

作り方

1 くるみはたっぷりの熱湯に10分ほどつける。
2 鍋にAを入れて中火にかけ、ゆで卵を加えて15分ほど煮る。煮汁が卵にかぶっていなければ、ときどき鍋をまわしながら煮る。
3 1を加えて煮汁をからめ、火を止める。

保存の目安
冷蔵庫で**3～4**日

れんこんの炒め煮

油で炒めてから、じっくり煮含めます。
仕上げに甘みを加えて、照りとコクをアップ。

材料(2人分×2回)

れんこん…200g

A
- 煮干しだし(↓p.010参照)…½カップ
- しょうゆ…大さじ1
- 砂糖…大さじ1
- 塩…ひとつまみ
- おろしにんにく…小さじ½

B
- 水あめ(またははちみつ)…大さじ1
- ごま油…小さじ1

菜種油…小さじ1

作り方

1 れんこんは皮をむき、5㎜厚さの輪切りにする。

2 酢小さじ1(分量外)を加えた熱湯で1を1分ゆで、ざるにあげて水けをきる。

3 フライパンに油を中火で熱し、2を炒める。火が通ったらAを加え、弱火にして汁けがなくなるまで煮る。

4 Bを加え、ひと混ぜして火を止める。

保存の目安 **冷蔵庫で5日ほど**

食べるときに白いりごま少々(分量外)をふる。

じゃがいもと煮干しの炒め煮

だしがじんわりとじゃがいもにしみ込みます。
煮干しのかわりに、ちりめんじゃこを使っても。

材料(2人分×2回)

じゃがいも…3個(約400g)
煮干し…10g
にんにく(つぶす)…3片

A
- 水…1カップ
- しょうゆ…大さじ1
- みりん…大さじ1

菜種油…小さじ1

作り方

1 じゃがいもは皮をむき、ひと口大に切る。

2 煮干しは頭と内臓を除き、縦半分に裂く。

3 鍋に油を中火で熱し、にんにくを炒める。香りが立ったら1を加えて炒める。

4 油がまわったら2とAを加えて煮立て、弱めの中火にして、じゃがいもに火が通るまで20分ほど煮る。

保存の目安 **冷蔵庫で5日ほど**

（かたまり肉で）

作っておけば、数回に分けて食べられる
かたまり肉のごちそうおかず。
おもてなしにもぴったりです。

ゆで豚

長ねぎの青い部分や玉ねぎのかたい部分といっしょにゆでると
肉のくさみを消してくれます。
生野菜に包んで食べれば、あと口さっぱり。

材料（作りやすい分量）

豚バラ（または肩ロース）かたまり肉…600g

A
- 長ねぎの青い部分や根・玉ねぎの皮の下のかたい部分など…各適量
- 黒粒こしょう…小さじ1
- にんにく…3片
- しょうが（薄切り）…2枚
- 韓国みそ（またはみそ）…大さじ1
- 乾燥なつめ…3個
- シナモンスティック（あれば）…適量

アミの塩辛…適量

「みそベースのチャンアチ」のみそ床（↓p.017参照）…適量

添え野菜（レタス・トレビス・えごまの葉・青唐辛子・にんにくなど）…各適量

作り方

1 鍋に豚肉と水2ℓ、Aを入れて強火にかける。

2 アクが出てきたら除き、中火で40〜50分ゆで、豚肉の中心まで火を通す。火を止め、ゆで汁につけたまま冷ます。

3 粗熱が取れたら食べやすく切り、添え野菜とともに器に盛る。アミの塩辛やみそを添え、野菜で巻いて食べる。

保存の目安

冷蔵庫で4〜5日／冷凍庫で1か月ほど

スライスしたゆで豚は、煮汁とともに保存容器に入れ冷蔵保存。Aの野菜をのせておくと野菜の甘みが移り、表面も乾かずにしっとり。かたまりのまま保存する場合は、冷凍用保存袋に煮汁や野菜とともに入れて密封し、冷凍庫へ。

水は加えず、梨の水分と甘みで、豚肉をやわらかく煮ます。
煮上がったら、表面をフライパンで香ばしく焼いても美味。
肉の部位はお好みで。私は数種類を組み合わせて作ることが多いです。

豚肉の梨煮

材料（作りやすい分量）

豚肩ロースかたまり肉（またはバラやもも肉でも）…計900g

A
- 梨（皮つきのままくし形切り）…大1個
- 長ねぎ…1/3本
- 玉ねぎ（くし形切り）…1個
- にんにく…4片
- 乾燥なつめ…4個
- 黒粒こしょう…小さじ1
- 長ねぎの根・れんこんの節など（あれば）…各適量

添え野菜（ズッキーニ・かぶ・いんげんなど）…各適量
塩・こしょう…各少々

たれ
- 「豚肉の梨煮」の煮汁…大さじ4
- しょうゆ…大さじ2
- おろしにんにく…小さじ1/2
- 青唐辛子（小口切り）…適量

作り方

1 豚肉はそれぞれ竹串で数か所刺し、味をしみやすくする。

2 厚手の鍋に1とAを入れ、中火にかける（写真左）。煮立ったら弱めの中火にし、1時間ほど煮る。途中で豚肉の上下を返す。

3 ズッキーニは輪切りに、かぶは葉柄を少し残して4つ割りにする。いんげんとともにフライパンで両面を焼き、塩、こしょうをふる。

4 2を食べやすく切って器に盛り、3を添える。たれの材料を混ぜ合わせ、全体にかける。

水は加えず、梨から出る水分で豚肉をじっくり、やわらかく煮る。

保存の目安
冷蔵庫で4～5日／冷凍庫で1か月ほど
スライスした豚肉は、煮汁とともに保存容器に入れ冷蔵保存。Aの梨や野菜をのせておくと甘みが移り、表面も乾かずにしっとり。かたまりのまま保存する場合は、冷凍用保存袋に煮汁や野菜などとともに入れて密封し、冷凍庫へ。

전

ジョン

ジョンは、肉や魚、野菜などの具に衣をつけて焼いた、お焼きやピカタのようなもの。チュソク(お盆)や法事には欠かせない一品です。作りおきしやすいので、ミッパンチャン向き。

粉ベースのジョン

→ p.088

酢じょうゆで食べてもよいですが、
ジョンには薬味しょうゆだれ（→ p.013）がよく合います。
玉ねぎのチャンアチ（→ p.016）を添えるのも
定番なので、ぜひいっしょに試してみてください。

粉ベースのジョン

衣の材料（作りやすい分量）

小麦粉…½カップ
片栗粉（またはもち粉）…大さじ2
水…½カップ

作り方

小麦粉と片栗粉をボウルに合わせ、分量の水を少しずつ加えて混ぜ、とろりとさせる。

保存の目安
それぞれ冷蔵庫で4〜5日
食べるときにフライパンやオーブントースターで両面を焼き、温め直す。

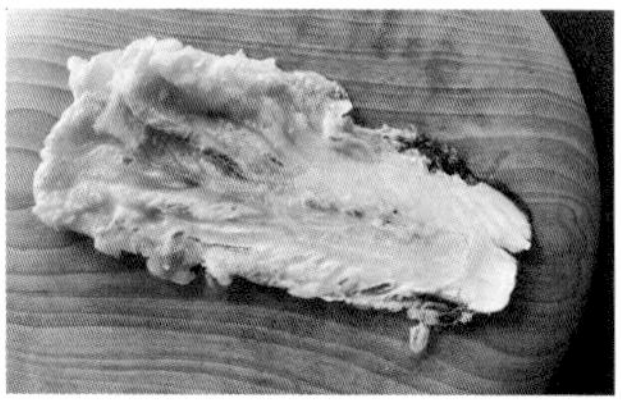

白菜

繊維に沿って縦に裂き、
芯と葉をいっしょに食べます。

1 白菜（小さい葉）6枚は芯の厚い部分を包丁の背で叩いて平らにする。
2 1の両面に衣適量をつける。
3 フライパンに菜種油大さじ1を弱めの中火で熱し、2を入れて両面に少し焦げ目がつくまで焼く。

とうもろこしと玉ねぎ

プチプチした歯ざわりと
やさしい甘みが◎。

1 とうもろこし1本は包丁で実をそぐ。玉ねぎ¼個は粗みじん切りにする。
2 1をボウルに合わせ、衣½カップを加えて混ぜる。
3 フライパンに菜種油大さじ1を弱めの中火で熱し、2をスプーンでひと口大ずつすくって丸く流し入れる。両面に少し焦げ目がつくまで焼く。

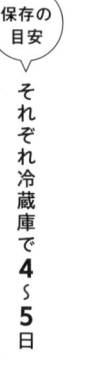

えびと春菊

春菊の香りに包まれて、
えびのうまみが際立ちます。

1 春菊½束はざく切りにして衣½カップと混ぜる。

2 フライパンに菜種油大さじ1を弱めの中火で熱し、**1**をスプーンでひと口大ずつすくって8個丸く流し入れる。

3 むきえび8尾を1尾ずつのせ、両面に少し焦げ目がつくまで焼く。

ルッコラ

葉の形を生かして焼き、
ほろ苦さを味わいます。

1 ルッコラ1束は1本ずつ衣適量にくぐらせる。

2 フライパンに菜種油大さじ½を弱めの中火で熱し、**1**を入れて両面に少し焦げ目がつくまで焼く。

ビーツと玉ねぎ

カラフルで栄養豊富なビーツで。
ねっとりした食感が新鮮！

1 ビーツ小1個は皮をむいて薄切りに、玉ねぎ¼個も薄切りにする。

2 **1**をボウルに合わせ、衣½カップを加えてよく混ぜる。

3 フライパンに菜種油大さじ½を弱めの中火で熱し、**2**をひと口大ずつのせて形を整える。両面に少し焦げ目がつくまで焼く。

しらすとねぎ

うまみ、塩け、苦みを衣でまとめ、
さわやかな色に焼き上げます。

1 ボウルにしらす干し80gと刻んだ細ねぎ½カップを合わせ、衣½カップを加えてよく混ぜる。

2 直径20cmのフライパンに菜種油大さじ1を弱めの中火で熱し、**1**を流し入れて広げる。両面に少し焦げ目がつくまで焼き、食べやすく切る。

（ジョン）

えのきを、のりでくるりと巻いて食べやすく。
卵の衣がまろやかです。

えのきののり巻きジョン

材料（作りやすい分量）

えのきたけ…1袋（100g）
焼きのり…適量
卵…1個
塩…少々
菜種油…大さじ1

作り方

1 ボウルに卵を割りほぐし、塩を加えて混ぜ、衣を作る。

2 のりは1×6cmほどの帯状に切る。

3 えのきは石づきを切り落とし、食べやすく分けて**2**で巻く（写真下）。巻き終わりは水をつけてとめる。

4 フライパンに油を弱めの中火で熱する。**3**を**1**の衣にさっとくぐらせて並べ、両面に少し焦げ目がつくまで焼く。

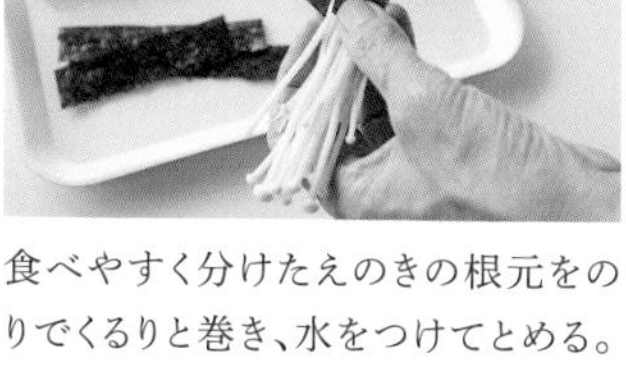

食べやすく分けたえのきの根元をのりでくるりと巻き、水をつけてとめる。

保存の目安 **冷蔵庫で2〜3日**
食べるときに薬味しょうゆだれ（→p.013参照）適量を添える。

泡立てた卵白を衣にしたあっさり味のジョン。
残りごはんや野菜で作れます。きのこは、しいたけやしめじにかえても。

ごはんのジョン

材料(作りやすい分量)

ごはん…茶碗1杯分(150g)

A
- 玉ねぎ(みじん切り)…大さじ3
- にら(みじん切り)…大さじ2
- マッシュルーム(みじん切り)…大さじ1
- 塩…ひとつまみ
- こしょう…少々

卵白…1個分
菜種油…大さじ1

作り方

1 卵白はボウルに入れ、泡立て器で表面全体が白く泡立つくらいまで混ぜる。

2 別のボウルにごはんとAを合わせ、1を加えて混ぜる。

3 フライパンに油を弱めの中火で熱し、2をひと口大ずつすくって落とし入れ、丸く形を整える。両面に少し焦げ目がつくまで焼く。

保存の目安 冷蔵庫で2〜3日

さつまいもの自然な甘みで、おやつにもなるジョン。
一度水にさらすことで、パリッと焼き上がります。

せん切りさつまいものジョン

材料（作りやすい分量）

さつまいも…小1本（約150g）

A
- 小麦粉…大さじ1
- 片栗粉…大さじ1
- 塩・こしょう…各少々

菜種油…大さじ1

作り方

1 さつまいもはよく洗って皮つきのままぜん切りにし、水に2分ほどさらしてでんぷんを除く。

2 水けをきってボウルに入れ、Aを加えて混ぜる。

3 フライパンに油を弱めの中火で熱し、2を適量ずつのせて広げ、両面に少し焦げ目がつくまで焼く。

保存の目安　冷蔵庫で2〜3日

温め直すときにシュレッドチーズ少々をのせてとろりとさせても美味。同様にして、じゃがいもでも作れる。

豆腐入りのやわらかい肉だねが、しいたけとよく合います。
肉だねが余ったら、同様に衣をつけて焼き、ジョンにしても。

しいたけの肉詰めジョン

材料(8個分)

生しいたけ…小8個
小麦粉…大さじ1
溶き卵…1個分

A
牛ひき肉…100g
木綿豆腐…1/4丁(75g)
長ねぎ(みじん切り)…大さじ2
おろしにんにく…小さじ1
ごま油…小さじ1
しょうゆ…小さじ1/2
塩…小さじ1/4
こしょう…少々

菜種油…大さじ1

作り方

1 しいたけは石づきを除き、かさの表に5か所ほど切り目を入れ、内側に小麦粉少々をふる。

2 ボウルにAをよく混ぜ合わせ、1のかさの内側に等分に詰める。残りの小麦粉を全体にふり、溶き卵をつける。

3 フライパンに油を弱めの中火で熱し、2のひき肉だねを下にして並べる。3分ほど焼いて裏返し、両面を焼いて火を通す。

保存の目安 冷蔵庫で2~3日

韓国の食材・調味料

韓国料理に欠かせない食材や調味料。
最近は、韓国食材を扱うスーパーや
オンラインショップが増えてだいぶ入手しやすくなりました。
代用できる食材がある場合は記載していますが、
使うとぐっと現地の味に近づくので、
ミッパンチャン作りにぜひ取り入れてみてください。

えごまの葉

↓ 独特の清涼感があるえごまの葉。しその葉に似ていますが、大ぶりで張りがあり、味も香りも異なります。炒めものや焼き肉を包んで食べると、あと口がさっぱり。「えごまの葉の薬味しょうゆ漬け」（↓ p.013）は、保存がきくので、ぜひお試しを！

青唐辛子（生）

↓ 新鮮な辛みで、そのままかじったり、刻んでたれに使ったり。完熟した赤唐辛子と2色合わせて使うことも多く、まるごとみそベースのチャンアチ（↓ p.017）にしても。日本では初夏に出まわるので、冷凍しておくと重宝。ししとうや万願寺唐辛子で代用可能。

魚醤

↓ キムチだれ（↓ p.041）にはなくてはならない調味料。写真はイカナゴの魚醤。韓国ではイワシの魚醤もよく使われます。少量で味に奥行きが出るので、あえものの隠し味や、鍋料理のたれにも。ナンプラーやしょっつるで代用可能。

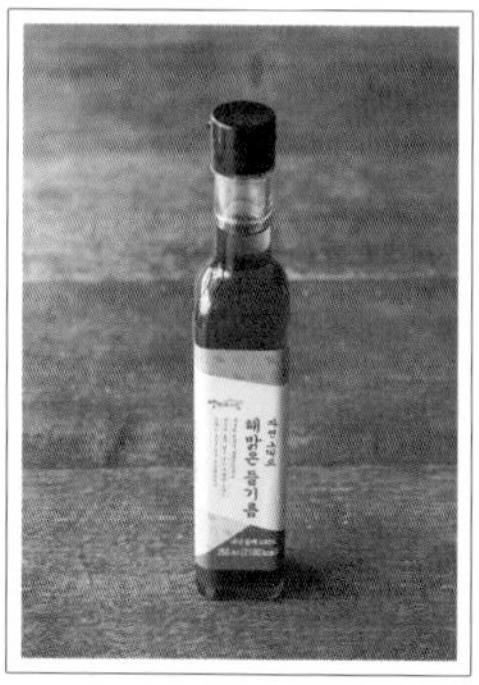

えごま油

↓ えごまの種を焙煎して抽出した油で、ナムルの味つけに欠かせません。香りも味わいもごま油よりマイルドで、韓国ではえごま油のほうが一般的に使われます。α-リノレン酸を豊富に含み、高血圧予防や動脈硬化予防効果も。日本のごま油で代用可能。

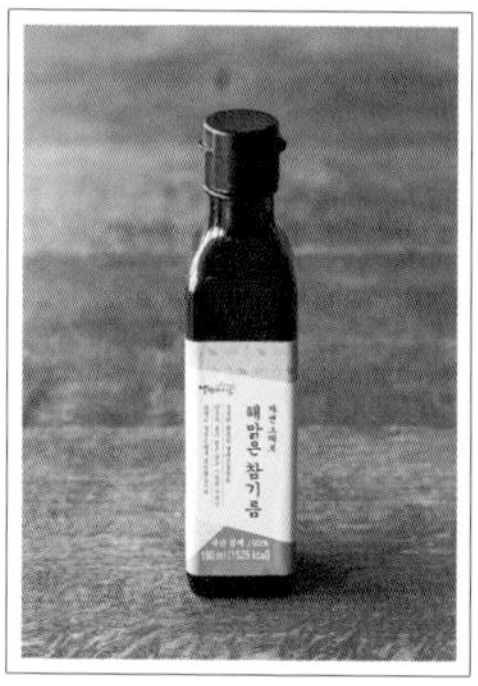

ごま油

↓ 韓国のごま油は日本のものより深いりで色が濃く、香りも強いのが特徴。香りを立たせたい炒めもののほか、キンパののりに塗ったり、塩とともにゆで豚に添えたりします。ビビンバの仕上げに少量まわしかけ、なめらかな口当たりにするのも韓国ならでは。

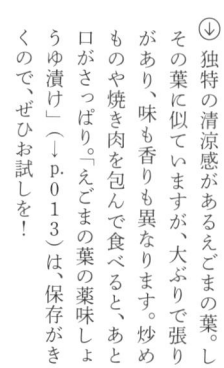

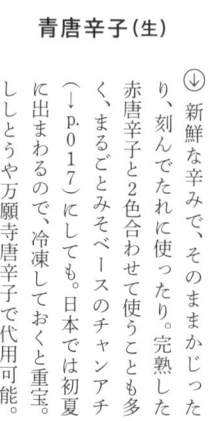

梅シロップ（梅エキス）

↓甘みをつけたいとき、砂糖のかわりに使われます。チャンアチのたれや、あえものに加えると、梅の酸味や香りも加わって風味豊かに。私は青梅の時期に手作りしていますが、市販品でもOK。手に入らない場合は、梅酒を煮きったもので代用できます。

粉唐辛子

↓赤唐辛子を乾燥させ、粉末にしたもの。粗びきと、パウダー状の細びきがあります。本書では粗びきを使用しました。韓国産の赤唐辛子は日本産より辛みが少なく、ほんのり甘みを感じられるのが特徴。ピリ辛のあえもの、煮もの、たれなどに幅広く使われます。

コチュジャン

↓もち米に粉唐辛子、麹、麦芽糖、塩などを加えて発酵させた甘辛いみそ。辛いだけでなく、深いうまみがあります。煮もの、炒めもののほか、ビビンバやナムルの味つけにも活躍。メーカーによって辛さが異なるので、好みのものを見つけてみてください。

えごま粉

↓えごまの種をいって粉末状にしたもので、抗酸化作用があるとされています。香ばしい風味と甘みがあり、ナムルに加えたり、あえ衣や炒めものに使ったり。えごま粉たっぷりの濃厚なスープも韓国では好まれます。白すりごまで代用可能。

乾燥なつめ

↓なつめは、韓国や中国の薬膳料理によく使われる果実で、代謝を促して排泄トラブルや貧血を改善し、美容効果が高いとされています。ほのかな甘みがあり、まるごとスープ料理に入れてやわらかく煮たり、キムチの具には刻んで加えたりします。

アミの塩辛

↓ごく小さなアミエビを塩漬けにしたもの。うまみとコクがあり、発酵を促すので、キムチ作りには欠かせない食材です。ゆで豚といっしょに食べたり、鍋料理の隠し味にも。日本のアミエビは韓国のものに比べて若干大きいので、刻んで使うこともあります。

水あめ

↓韓国料理では砂糖はあまり使わず、かわりに水あめを使用します。水あめは麦芽などのでんぷんを糖化して作られた甘味料。韓国産のものはとうもろこしが原料のものが多いですが、私は玄米を原料にした日本産の水あめを愛用しています。はちみつで代用可能。

韓国みそ（テンジャン）

↓韓国のみそは麹を使わず、大豆だけを発酵させます。納豆に似た強い発酵臭があり、大豆の粒が残っているのも特徴。しょうゆみそベースのナムル（→p.038）のほか、煮ものやスープ（テンジャンチゲ）などに使います。日本のみそで代用可能。

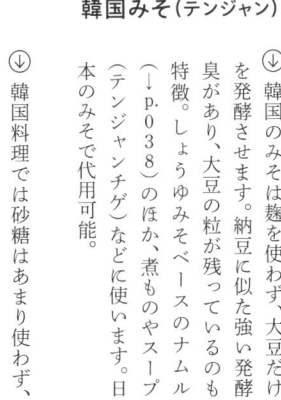

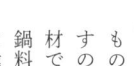

北坂 伸子　きたさか・のぶこ

韓国・ソウルに10年間滞在。現地で家庭料理を学ぶなかで、「体によいものを食べる」現地の考え方を知り、韓国の食材や調理法への造詣を深める。自宅で開く料理教室では、辛いだけではない繊細かつ大胆な韓国料理の魅力を、美しいテーブルコーディネートとともに伝えている。

→ https://naccoku.com
→ Instagram　@kitasaka.gram

アートディレクション	中村圭介（ナカムラグラフ）
デザイン	平田 賞、鳥居百恵（ナカムラグラフ）
撮影	竹内章雄
スタイリング	澤入美佳
調理アシスタント	北坂容子、神原絢子
校正	滄流社
企画・取材	山中純子
編集	山村奈央子

ミッパンチャン

著　者	北坂伸子
編集人	足立昭子
発行人	倉次辰男
発行所	株式会社主婦と生活社
	〒104-8357　東京都中央区京橋 3-5-7
	TEL:03-3563-5321（編集部）
	TEL:03-3563-5121（販売部）
	TEL:03-3563-5125（生産部）
	https://www.shufu.co.jp
	ryourinohon@mb.shufu.co.jp
製版所	東京カラーフォト・プロセス株式会社
印刷所	凸版印刷株式会社
製本所	共同製本株式会社

ISBN978-4-391-16037-6

落丁・乱丁の場合はお取り替えいたします。お買い求めの書店か、小社生産部までお申し出ください。